话说中国

金 戈 铁 马（上）

916年至1234年的中国故事

程郁　张和声　著

上海故事会文化传媒有限公司

上海锦绣文章出版社

总顾问：李学勤
总策划：何承伟

本卷顾问：陈高华

主编：　刘修明
副主编：陈祖怀

正文作者（按卷次先后排列）

《创世在东方》　　　杨善群　郑嘉融
《诗经里的世界》　　杨善群　郑嘉融
《春秋巨人》　　　　陈祖怀
《列国争雄》　　　　陈祖怀
《大风一曲振河山》　程念祺
《漫漫中兴路》　　　江建忠
《群英荟萃》　　　　顾承甫　刘精诚
《空前的融合》　　　刘精诚
《大唐气象》　　　　刘善龄　郭　建
　　　　　　　　　　郝陵生
《变幻中的乾坤》　　金尔文　郭　建
《文采与悲怆的交响》程　郁　张和声
《金戈铁马》　　　　程　郁　张和声
《集权与裂变》　　　胡　敏　马学强
《落日余晖》　　　　孟彭兴
《枪炮轰鸣下的尊严》汤仁泽

辅文作者（按姓氏笔画排列）

马学强　王　俊　王廷洽　王保平　王景荃
田　凯　田松青　仲　伟　江建忠　刘善龄
刘精诚　汤仁泽　杨善群　杨　婷　李　欣
李国城　张　凡　张和声　张振华　陈先行
陈祖怀　苗　田　金尔文　周雪梅　郑嘉融
宗亦耘　孟彭兴　赵冬梅　秦　静　栗中斌
顾承甫　殷　伟　郭立暄　盛巽昌　崔　陟
崔海莉　程　郁　程念祺

图片提供

文物出版社、河南博物院、巩义博物馆、
徐州博物馆、徐州汉兵马俑博物馆等单位
及（按姓氏笔画排列）王保平　山口直树
田　凯　田松青　朱　林　仲　伟　孙继林
杨清江　李国城　何继英　陈先行　欧阳爱国
赵　勇　殷　伟　徐吉军　郭立暄　郭灿江
崔　陟　阎俊杰　翟　阳　薄松年等
本页长城照片由郑伯庆拍摄

梦想与追求

何承伟

为最广大读者编一部具有现代意识的历史百科全书

> 中国是一个拥有五千年灿烂文明史、又充满着生机与活力的泱泱大国。中华民族早就屹立于世界的东方，前赴后继，绵延百代。

> 作为中国人，最为祖国灿烂的过去与崛起的今天感到骄傲。

> 作为中国的出版人，应义不容辞地以宏大的气魄为广大热爱中国历史的读者，承担起传播这一先进文化的责任：努力使中国历史文化出版物，与中国这样一个拥有五千年文明史的过去相适应，与当代中国日新月异的发展现实相适应，与世界渴望了解中国的需求相适应。

> 人民创造了历史，历史又将通过我们的出版物回赠给人民，使中华民族数千年积累起来的灿烂文化成为当今中国人取之不尽的思想宝库，让更多的读者感悟我巍巍中华五千年光辉历史进程和整个中华民族灿烂的文明成果。

出版说明

> 为此，我们作了大胆的探索：以出版形态的创新为抓手，大力提高这套中国历史读物的现代意识的含量，使图书能够真正地"传真"历史；以读者需求为本位，关注现代人求知方式与阅读趣味的变化，把高品位的编辑方针和大众传播的形式有机结合起来，独辟蹊径，创造一种介于高端读物与普及读物的独特的图书形态，努力使先进的文化为最广大的读者所接受。

> 经过多年的努力，这套融故事体的文本阅读、精彩细腻的图片鉴赏、便捷实用的检索功能于一体的中国历史百科全书——《话说中国》终于陆续与读者见面。这套书计15卷，卷名分别为：《创世在东方》、《诗经里的世界》、《春秋巨人》、《列国争雄》、《大风一曲振河山》、《漫漫中兴路》、《群英荟萃》、《空前的融合》、《大唐气象》、《变幻中的乾坤》、《文采与悲怆的交响》、《金戈铁马》、《集权与裂变》、《落日余晖》和《枪炮轰鸣下的尊严》。

> 在《话说中国》这部书里，你将看到以故事体文本为主体的感性与理性的统一。

> 现代人对历史的感悟，最能产生共鸣、最能感到激动的文学样式是什么，是故事。是蕴涵在故事里的或欣喜或悲切或高亢或低回的场面。这些经典场面令人感慨唏嘘，荡气回肠。记住了一个故事，也就记住了一段历史。故事是一个民族深沉的集体记忆，容易走进读者的心灵世界，它使读者在随着故事里主人公的命运起伏跌宕之时，不知不觉地与中国历史文化进行了"亲密接触"，从而让历史文化的精华因子，潜移默化地影响着我们的行为，净化着我们的心灵。因此，《话说中国》以故事体的文本作为书的主体。同时，它还突破了传统历史读物注重叙述王朝兴衰的框架，以世界眼光、一流专家学者的史识来探寻中国历史的发展脉络与规律；以密集的信息，弥补故事叙述中知识点不足的局限，从而使故事的感性冲击力与历史知识的理性总结达成高度的统一。它让读者既见树木，又见森林；既享受了故事所带来的审美快感，同时又能寻绎历史的大智慧。

> 在《话说中国》这部书里，你将看到互为表里的图与文的精彩组合。

> 当今社会已进入"读图时代"，这一说法尽管片面，但也反映了读者的需求。在这套书里的图片与通常以鉴赏为主的图片有很大不同：

> 图片内容涵盖面广。这些图片能够深入再现历史现实，立体凸现每一不同历史时期社

会生活各方面的发展变化。透过生动的"图片里面的故事"，可以体味其中蕴涵着的深刻内容，堪称是历史文化的全息图像。它们与故事体文本相关联，或是文本内容的画面直观反映和延伸，或是文本内容的背景补充，图与文珠联璧合，相得益彰。同时，纵观整套书的图片又分别构成了一个个独立的专门图史，如服饰图史、医药图史、书籍图史、风俗图史、军事图史、体育图史、科技图史等等。

› 图片的表现形式极其丰富。这套书充分顾及现代读者的读图口味，借助现代化手段尽量以多种面貌出现，汇集了文物照片、历史遗址复原图、历史地图与示意图、透视图以及科学考古发掘现场照片在内的三千余幅图片。既有精炼简洁的故事，又有多元化的图像，读者得到的是图与文赋予的双重收获。

› 创造了一种新的读图方式。书中的图片形象丰富，一目了然，具有"直指人心"的震撼力，但在阅读过程中，尤其是在欣赏历史文化的图片中，这种震撼力很难使读者感悟到。原来他们是凭自己的文化底蕴和生活积累在品味和理解书中的图片。两者一旦产生矛盾，就不可能碰撞出火花。本书作为面向大众的出版物创造了一种全新的阅读环境：改造我们传统的图片的文字说明，揭示图片背后的信息，让读者在读完这些文字后，会产生一个飞跃，对第一眼所看到的图片有一种新的发现和新的认识。

› 在《话说中国》这部书里，你将看到一个充满数字化魅力的历史百科知识体系。

› 数字化给我们的社会生活带来了许多崭新的变化，作为文化产品的创新也不例外。为此，我们在这套信息密集型的中国历史百科全书里，大量运用了在电脑网络上广泛使用的关键词检索方式，以关键词揭示故事内核，由此来检索和使用我们的故事体文本与相关知识性信息。这套书的信息化、网络化、数字化，充分表现了中华民族不但有自强不息的过去时，前进中的现在时，而且还有充满希望的将来时。

› 一则故事，一幅图片，一个关键词，都是某个有代表性的"点"，然而这个点不是孤立的存在，而是一个有意义的叙事单位。它是中华民族的文明亮点，折射了我们民族的文化性格。把这些亮点连接起来，就会构成一条历史之"线"，而"线"与"线"之间的经纬交织，也就绘成了历史神圣的殿堂。点、线、面三维一体，共同建构着上下五千年的民族大厦。

› 著名科学史家贝尔纳曾说："中国在许多世纪以来，一直是人类文明和科学的巨大中心之一。"我们知道，印刷是中国引以为骄傲的四大发明之一，中国出版在世界出版史中，曾留下许多脍炙人口的灿烂篇章。然而近代中国出版落后了，以至于到今天与发达国家相比，无论是在出版技艺上，还是在出版理念上，都存在着不小的差距。我们在本书的出版过程中善于学习、消化和借鉴，"洋为中用"，充分发挥"后发优势"，努力把世界同行在几十年中创造的经验，学习、运用到这套书的编辑过程中，以弥补两者之间的差距。事实证明，只要我们努力了，只要我们心中有了读者，我们一样可以后来者居上。

› 中国编辑中的一位长者曾说过这样一段话："我们没有显赫的地位，却有穿越时空的翰墨芬芳；我们没有殷实的财富，却有寄托心灵的文化殿堂。"

› 在编辑这套书的过程中，我们深深感到，中国历史文化太伟大了，无论你怎样赞美，都不为过；中国历史文化又太神奇了，无论你以何种方式播种，都会有意想不到的收获。今天，我们所撷取的，只不过是其中的一朵小花，还有更多更美的天地需要人们进一步去开拓。

现代人与历史

上海社会科学院研究员　刘修明

> 历史与现代人有什么关系？历史对现代人有什么用？这并非每一个现代人都能正确回答的问题。

> 过去的早就过去了。以往的一切早已灰飞云散，至多只留下遗迹和记载。时光不能倒流，要知道过去干什么？历史无用的混沌和蒙昧，不是个别现象。在科学技术高度发达的现代社会，人们更易对远离现实的历史轻视、淡漠。对历史无知而不以为然的人，不在少数。

> 不能简单地指责这种现象。一旦通过有效途径缩短了现代人和历史的距离，人们就会从生动形象的历史中取得理性的感悟，领悟历史的哲理，开发睿智，从而加深对现代社会文明的认识，使现代人的认识和实践达到一个新的层次。那时，人们就会有一个共识：历史和现代是承续的。历史是现代人生存和发展不可缺少的内容。历史和现代人是不可分的。

总　序

> 祖国的历史是一部生动的、博大精深的启迪心智的教科书。中国历史是独树一帜的东方文明史。承载中华文明的中国历史，在她形成发展的曲折而漫长的过程中，从未中断过（不像埃及、两河流域、印度文明或中断或转移或淹没）。她虽然历尽坎坷，备尝艰辛，却始终以昂首挺立的不屈姿态，耸立在亚洲的东方。即使从 19 世纪上半叶开始的对中华文明一个多世纪的强烈冲击和重重劫难，也没有使曾创造过辉煌的中华文明沉沦，反而更勃发了新的生机。中国的历史学家从孔子、左丘明、司马迁开始，持续不断地以一种不辜负民族的坚韧精神，把中华民族放在辉煌与挫折、统一与分裂、前进与倒退、战争与和平、正义与邪恶的对立统一的辩证过程中，将感悟到的一切，记录在史册上。以一笔有独特美感并凝结高超智慧的精神财富，绵延不绝地传承给一代又一代炎黄子孙，从而成就了中华民族及其创造的文明的延续和发展。中华文明的创造和中国历史的记载是不可分的。中国历史是兼容时空又超越时空的中华文明有形和无形的载体。

> 英国哲学家培根说过："历史使人明智。"历史的经验是前人付出巨大的代价（甚至生命的代价）才总结出来的。历史经验包蕴着发人深思的哲理。要深刻地了解现实，理智地面对将来，就应当自觉地追溯历史。现代人只有了解历史，才能感受历史启迪

现实的无穷魅力。唯有从历史的经验与哲理感知杂乱纷纭的现实，才能体会历史智慧的美感和简洁感。

这种由历史引发的智慧、魅力和美感，对丰富一个人的生命内涵，提升人的素质，是非常重要的。我们强调人的素质，但素质的基本内涵是什么，却未必很清楚。我认为，人文素质应该是人的素质的基本内涵。一个人的人文素质是由他所属的民族几千年文化创造的基因，积淀在他的血液和灵魂中形成的。以文史哲为主体的人文教育，对人的素质提高具有特别的价值。而中国历史往往又是文史哲三位一体的糅合和载体。只重视外语、电脑教育而忽视人文教育的偏向应引起重视并加以纠正。这种素质教育应当起步于一个人的青少年时代。对祖国的热爱，民族自信心的树立，正确的人生观、价值观的确立，都离不开对祖国历史的了解。只有这样的人，才能立志报效祖国和中华民族，并以他们的不断传承和新的创造，继续为人类文明的发展作出新的贡献。在共同文化血脉上发展起来的十三亿中国人和五千万在世界各地的华人，都应有这样的共识，都应承担这样的责任。

了解祖国的历史，可以从简明的历史教科书入手，也可以从浩瀚的史籍中深究。关键是引起读者的阅读兴趣。我们这里提供的是一本图文并茂用故事形式编写的中国历史。中国有一本几乎家喻户晓、发行量达几百万册的出版物：《故事会》。这是上海文艺出版总社的名牌刊物，在社会上有很大的影响。何承伟先生从几十年编辑的成功实践中，提出了这样一部以图文并茂的故事形式并包含巨大信息量的中国历史百科全书的设想。在众多学者的参与和合作下，成就了这样一部新体裁的中国通史《话说中国》。它生动形象、别开生面的编写方式，使包括老中青在内的现代中国人，都可以轻快地从这部书中进入中国历史宏伟的殿堂，从中启迪心智，增加知识，开拓眼界，追溯历史，面对未来。它把传统的教育和未来的展望，有机而和谐地结合在一起，引导当代中国人顺应悠久古老的中国文明融注世界发展的现代潮流，以期为世界的文明发展作出新的贡献。我们相信，凝聚了几十位学者和编者多年努力的这部书，一定会为这种贡献尽其绵薄之力，发挥其应有的作用。

目录

出版说明

梦想与追求——为最广大读者编一部具有现代意识的历史百科全书 004

何承伟

一位从事出版工作 30 年的资深编辑对出版创新的领悟和尝试

总序

现代人与历史 006

刘修明

著名学者解析中华历史如何与现代读者对话，现代人如何走进历史深处

专家导言 010

陈高华

元史专家谈其对辽西夏金元历史的最具心得的研究精华

把中国历史的秀美景致尽收眼底 012

本书导读示意图

前言 016

916 年至 1234 年

从金戈铁马到灰飞烟灭——辽西夏金

程 郁 张和声

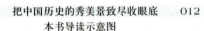

"天下一家，卧榻之侧，岂可许他人鼾睡？"宋太祖的豪言音犹在耳，北中国的大地已金戈林立。契丹人、党项人、女真人、蒙古人群雄竞起龙争虎斗，砸烂了赵宋家的御榻，撼动了欧亚大陆，马蹄声声，在人类文明史上铸下它铁血斑斑的印痕。

○○一 辽太祖刀下留弟　　020
兄弟相残史不绝书，谁还顾念手足之情？

○○二 韩延徽两度仕辽　　024
太祖慧眼识人，人材去而复来

○○三 小山压大山　　027
哥哥客死他乡，太宗潸然泪下

○○四 断腕皇后与长孙的较量　　031
耍手腕，皇后断腕，怎奈偏爱之子不保业

○○五 二帝被弑　　034
睡王好饮又好杀，死于非命理该当

○○六 大奸乙辛　　038
道宗愚蠢杀妻害子，乙辛奸诈专权高震主

○○七 天祚帝亡国　　042
祸尽忠臣罚不明，养成外患嗟何及！

○○八 不为王霸非英雄　　046
英雄当称王，锦衣玉食岂是男子汉的志向？

○○九 任得敬分国　　050
大臣得志便猖狂，敢与皇帝分天下

○一○ 蒙古灭夏　　052
附蒙抗金，联金抗蒙，弱国无外交

○一一 西夏王国之谜　　055
西夏灭亡后这个民族上哪儿去了？

○一二 神秘的西夏文字　　058
乍视字皆可识，熟视无一字可识。

○一三 函普解怨　　　062
白山黑水，英雄辈出

○一四 金世祖胆略过人　　　063
临危不惧，料事如神

○一五 阿骨打反辽　　　066
"金不变不坏。"于是阿骨打立国号为金

○一六 皇位舍我其谁　　　069
平生三大志向：独裁、称霸、嗜淫

○一七 海陵残害宗室　　　071
欲清除异己，先拿宗室开刀

○一八 嗜淫天下无匹　　　073
"敲剥天下之骨髓，离散天下之子女。"

○一九 暴君骂和尚　　　076
人具有双重性，暴君也不例外

○二○ 杨伯雄自比魏徵　　　078
杨伯雄自比魏徵，但海陵岂是唐太宗

○二一 南侵踏上不归路　　　080
本欲立马吴山，结果身死异乡

○二二 贤妻乌林答氏　　　083
追念前妻，二十九年后位虚设

○二三 李石多谋　　　085
李石嫉恶不畏权势，贼官闻之无不悚然

○二四 完颜昂以酒自晦　　　087
装疯卖傻，韬光养晦，完颜昂位至三公

○二五 石琚知人善任　　　089
知人最为难事，石琚独具慧眼

○二六 章宗六亲不认　　　090
对皇上的失礼可能会埋下致死的祸根

○二七 李妃妙对　　　092
二人土上坐，孤月日边明

○二八 章宗绝后　　　094
章宗精明一世，难免失算一时

○二九 权臣擅杀　　　095
权臣相互倾杀，蒙古军的马蹄声已日益逼近了

○三○ 中都失陷　　　097
中都沦陷，大金帝国的末日已屈指可数了

○三一 别字宰相　　　100
别字宰相使繁华的京都几乎变成凄凉的坟场

○三二 卖国破家　　　102
崔立降蒙，老婆家产仍被蒙兵一掠而空

○三三 哀宗的悲哀　　　104
"只恨祖宗传国百年，至我而绝。"

○三四 神射郭虾蟆　　　107
箭矢发尽，他带着心爱的弓箭跳进大火殉国

○三五 忠烈殉国　　　109
临危一死报君恩

○三六 老来留得诗千首　　　111
金人的诗文成就不高，但元好问却是例外

聚焦：916年至1234年的中国　　　114

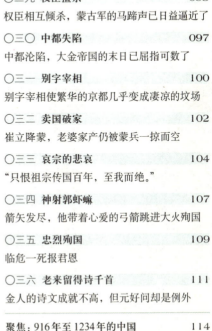

专家导言

元史专家　中国社会科学院历史所研究员　陈高华

> 公元10—14世纪中期，在中国历史上是由分裂走向统一的时期。这一时期的辽、西夏、金、元政权，分别是由契丹、党项、女真、蒙古族建立的封建王朝。辽、西夏与北宋，金、西夏与南宋，先后鼎立。蒙古兴起，灭金和南宋，建立元朝，实现了全国的统一。

> 契丹、党项、女真、蒙古，是居住在我国东北、西北、北方的民族，有的以游牧为主，有的从事渔猎为生。就是这些游牧民和渔猎民，在他们的杰出领袖耶律阿保机、李元昊、完颜阿骨打、铁木真的领导下，走出草原和山林，驰骋疆场，用他们的智慧和勇敢，建立国家，在中国历史上写下了浓重的篇章。其中铁木真特别突出，他的活动，影响了世界历史的进程。

> 辽、西夏、金、元四朝的历史，最值得注意的，是由分裂到统一过程的完成。辽、金相继在北方建国，加强了东北和北方草原的开发。西夏立国西北，与西域及西南的吐蕃有很多的联系。元朝兴起，兼有金、西夏、南宋之地；吐蕃内附，成为中央政权管辖下的地方行政区；大理投降，云南与内地一样设置行省；中亚的畏兀儿地面及其周围地区亦受元朝管辖。

> 元朝是一个统一的多民族国家，其版图之广，为以前历代王朝所未有，实际上为后来清朝版图的确立奠定了基础。这是中国历史发展进程中一件特别值得重视的大事。

> 辽、西夏、金、元四朝的建立，使契丹、党项、女真、蒙古族成为中国政治舞台上的重要角色。这几个民族的经济、文化生活也发生了很大的变化。在这几个朝代，民族关系是错综复杂的。一方面，由于这些王朝的统治者推行民族压迫的政策（最著名的是元朝的四等人制），民族矛盾尖锐化。金、元二朝的崩溃都与此有密切关系。另一方面，在这些王朝统治下，普遍形成民族杂居的局面，各族成员之间的经济、文化交流不断发展。在此基础上，民族之间的同化和融合也在进行。到了元代，有些民族逐渐消失了（如契丹、党项），有些新的民族则逐渐形成（如回族）。今天我国的民族分布格局，在元代已大体具备了。

> 这一时期中国与外部世界的联系，比起前代来也有新的发展。

> 辽、西夏、金与中国以外世界的联系是有限的，时断时续的。蒙古兴起，成吉思汗铁

木真及其子孙发动三次西征，打开了通往中亚、西南亚和欧洲的道路。在全国统一以后，忽必烈和他的继承者积极发展海外交通，和亚洲、非洲的许多地区都建立了政治、经济联系。元朝和域外世界联系之广，超越了前代。外国的使节、教士、商人纷纷来到中国，其中之一是威尼斯商人马可·波罗，他在长期居留后回到故乡，写下了东方旅行记。这本书在欧洲引起轰动，至今不衰，成为东西方文化交流的佳话。福建的泉州，是当时最兴盛的国际贸易港之一，以"刺桐"一名为外国旅行家、商人、水手所熟知。域外的文化如阿拉伯地理学、医学、天文学传入中国，对中国的传统文化有很大的刺激。中国的一些重要发明创造如火药、印刷术等也在这一时期传到其他国家。

> 辽、西夏、金、元时期的文化，亦有自己的特色。

> 一是多民族文化的繁荣。在以往的中国历史上，长期以来行使的是汉字，流通的是以汉字撰写的以反映汉族思想方式为主的各种典籍。而在辽、西夏、金、元四朝，汉字仍是重要的文字，但先后出现了多种文字与汉字一起行用，有契丹字、女真字、西夏文字、畏兀儿字、畏兀儿体蒙古字、八思巴字、吐蕃文字等。特别是元代，同时行用多种文字。除了汉字撰写的典籍文献之外，还有其他各种文字撰写的典籍文献（包括宗教经典、法律文字、字典、碑铭等）。多种文字的创制和使用，反映出这些民族对发展本民族文化的强烈追求。在多民族文字典籍文献中，最值得注意的是《蒙古秘史》的产生。它原来应是用畏兀儿体蒙古字撰写的，可惜的是，原书已佚，仅存汉字译本。但从译本仍可想见它的原貌。这是蒙古族自己撰写的一部史书，无论在中国史学史或是世界史学史上都有其独特的地位。同时它也是一部杰出的文学作品，颂扬成吉思汗铁木真及其子孙丰功伟绩的英雄史诗。

> 一是通俗文化的兴起。通俗文化集中在舞台表演艺术中体现出来，包括院本、杂剧、南戏、散曲、说唱艺术等。这些表演艺术前代已有一定规模，元代大盛，特别是杂剧，成为元代文化中最有成就的领域，可与唐诗、宋词并驱。元代的说唱伎艺为后代的小说创作（包括三国、西游、水浒）奠定了基础。此外还出现了经学和史学的通俗著作，其目的是使人们容易接受。通俗文化的兴起，既与城市经济的发展有关，同时也为了适应少数民族的文化要求。

《话说中国》作为融故事体的文本阅读、精彩细腻的图片鉴赏于一体的中国历史百科全书,其中包含着无数令人神往的中国历史的秀美景致,它们经纬交织,互为表里,形成了中华民族上下五千年的灿烂文明。

如同游览名山大川离不开导游和地图的指点,通过以下图例的导读提示,读者定能够尽兴饱览祖国历史美景,流连忘返。

随时感受历史文化的魅力与编纂创意的匠心

整个版面构成充分体现出本书以故事体文本为主体的特点,体现出本书作为历史百科全书的知识信息密集、图文并重的特点,使读者在本书任何一个页面上,都能感受到历史文化的魅力与编纂创意的匠心。

导读、段落标题与编号,
能更好地理解故事精髓,更好地运用故事

为了更好地理解故事,在实际学习生活中运用故事,本书在故事体文本中,特地为读者准备了故事导读、故事段落标题与故事编号等三个重要内容。故事导读是概述故事精要,它与故事段落标题,都是为了让读者更好地理解故事的精髓,同时让读者以一种轻松便捷的方式快速获得文本重要信息。

人物、典故和关键词具有很大信息量和实用性

在每一则故事中,都有故事核心内容(即故事内核)、故事人物等基本要素。本书将此提炼出来,标注在每则故事的右上角(加上故事来源),使之具有很大的信息量和实用性。

建构多元、密集的知识性信息,
构成了全书另一个重要组成部分

以密集的信息,弥补故事叙述中知识点不足的局限,从而使故事的感性冲击力与历史知识的理性总结达成高度的统一。它让读者既见树木,又见森林;既享受了故事所带来的审美快感,同时又能寻绎历史的大智慧。如"中国大事记""世界大事记""历史文化百科"和图片说明文字等专栏中的有关内容,都是经过精心选择的练达的知识板块,既是历史知识的精华,又是广泛体现"活"的历史,体现当时社会人生百态,体现当时寻常百姓的寻常生活。

再现历史现实的图片系统

图片内容涵盖面广泛,能够深入再现历史现实,观赏效果细腻独到,立体凸现了每一不同历史时期社会生活各方面的发展变化。透过生动的"图片里面的故事",可以体味其中蕴涵着的深刻内容,堪称是历史文化的全息图像。

《话说中国》以精美绝伦的文字和图片,将中华民族最可宝贵的民族精神和生生不息的文化传统,演绎得生动而传神。看了这张导读图,你就开始一程赏心悦目的中国历史文化之旅吧。

● 故事标题。

● 故事编号:与"人物""典故""关键词"等相联系。

● 故事段落标题:揭示本段故事主题,具有阅读提示和增加阅读悬念的作用。

中国大事记：以每卷所在历史年代为起止，精选与故事相应相近年代的中国历史文化重大事件，以此体现中国历史发展的基本脉络。

故事导读：概述故事精要，更好地理解故事精髓。

世界大事记：以中国大事记为参照，摘选相应年代的世界各国历史文化重大事件，以此体现本书"世界性"的理念。

人物、典故、关键词、资料来源：将故事的人物、关键词提炼出来，标注于此（加上故事来源），使之具有很大的信息量和实用性。

历史文化百科：是精选的历史文化百科知识，分别涉及政治、经济、文化、科技等十余个知识领域。

以直观的表格形式，便于读者对分散信息作系统的查考。

图片说明文字：深入揭示图片"背后"的历史文化内涵，读完这些文字，就会对图片有新的发现和新的认识。

图片：涵盖面广泛，能够深入再现历史现实。纵观整套书的图片，又分别构成了一个个独立的专门图史。

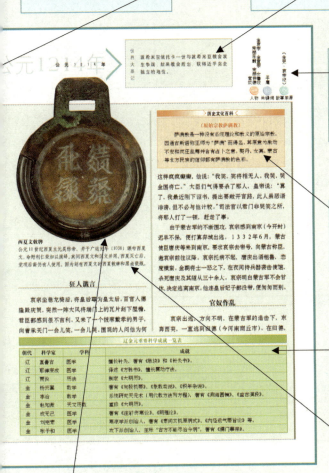

916 年 〉 〉 〉 〉 1234 年

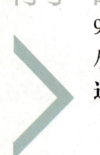

前言

916 年至 1234 年
从金戈铁马到灰飞烟灭
辽西夏金

上海师范大学古籍整理所副研究员　程　郁
上海社会科学院历史所副研究员　张和声

"天下一家，卧榻之侧，岂可许他人鼾睡？" 这是宋朝开国皇帝赵匡胤当年欲踏平南方小国时脱口而出的豪言。不久，李后主的雕栏玉砌便在宋兵的铁骑下灰飞烟灭了。太祖可谓霸气冲天，不可一世。然而，不知何故，赵氏兄弟和他们的龙子龙孙对卧榻另一侧那几只虎视眈眈的大虫却视而不见，结果契丹人、党项人、女真人、蒙古人"你未唱罢我登场"，群雄竞起龙争虎斗，砸烂了赵宋家的御榻，上演了一部部血腥的活剧。

一代天骄，各领风骚 有人打鼾，有人就睡不安稳，不许他人酣睡，自己就睡得成好觉了吗？常言道，天下本无事，庸人自扰之。可庸人又能溅起几朵浪花？能搅动天下的无不是乱世枭雄，一代天骄。翻开《辽史》、《金史》、《元史》，不难发现这些朝代的开国之初真是人才辈出，耶律阿保机、元昊……，个个都是豪杰；阿骨打、铁木真……，哪位不是英雄？ 辽朝是契丹族在中国北方地区建立的一个王朝。公元 916 年，辽太祖耶律阿保机在今内蒙古西拉木伦河流域建立契丹国，947 年，建国号辽。从 916 年契丹建国到 1125 年为女真所灭，通常被称为辽朝。辽太祖自称天皇帝，废除氏族选举制，确立皇权世袭制，兴建皇都，创制契丹大字和契丹小字，俨然一副开国皇帝的派头。建国之后，便是略地。南掠汉地，西征突厥，攻回鹘可汗，灭渤海王国，最后病死在征途中。 西夏是以党项为主体民族所建立的国家。自 1038 年立国大夏到 1227 年为蒙古所灭，西夏先后与辽、宋、金对峙。元昊正式建国称帝时，夏国的疆域东临黄河，西尽玉门关，南迄萧关，北抵大漠，堪称西北一霸。元昊称帝后，与宋连年交战，屡次大败宋兵，并曾重创辽师，促成北宋、辽、夏三足鼎立的格局。 金朝是女真族在东北地区建立的王国。公元 1115 年，金太祖完颜阿骨打在今黑龙江省阿城南建国，国号大金。到 1234 年蒙宋联军灭亡金朝，历时 120 年，其间几度迁都，1153 年金海陵迁都燕京（今北京），1214 年金宣宗迁都汴京（今河南开封）。金的历史不算很长，皇位仅传 10 帝，但金太宗却在不到两年的时间内生擒辽天祚帝，俘虏宋徽宗、钦宗，先后灭掉辽和北宋两个大国，睥睨天下，不可一世。 元朝是中国历史上蒙古族统治者建立的统一王朝。1206 年，成吉思汗在漠北建立大蒙古国。在其后的数十年中，成吉思汗和他的子孙们东征西战，蒙军的铁骑震撼了整个欧亚大陆。1271 年，忽必烈取《易经》"大哉乾元"之义，改国号为大元。次年，升中都为大都（今北京）。五年后，剿灭南宋，统一全国。

英雄本色 ▷一将功成万骨枯，一个朝代的兴替更是以无数人的苦难和鲜血为代价的。硬要说哪个英雄代表了进步或正义，顺应了历史潮流，那不过是"成王败寇论"的现代翻版，平下心来读史，我们看到的无非是"江山代有英雄出，各苦百姓数十年"的事实而已。▷成为王，败为寇。王与寇的差别在成败，两者的心态或志向其实没多少差别。金海陵被史家斥为"无道主"，且听他是怎么说的："吾志有三：国家大事皆由我出，一也。帅师伐国，执其君长问罪于前，二也。得天下绝色而妻之，三也。"(《金史》卷129) ▷无独有偶，被誉为"一代天骄"的成吉思汗也有类似的自白，他声称："镇压叛乱者，战胜强敌，将他们连根铲除，夺取他们所有的一切，使他们的妻子儿女痛哭流涕，跨上他们后背平滑的骏马，将他们美丽的后妃腹部当作睡衣和床垫，亲吻她们玫瑰色的面颊，吮着她们的乳头色的甜蜜的嘴唇，这才是男子汉最大的乐趣。"(《史集》) ▷独裁、称霸、嗜淫，雄主暴君志向略同。明代思想家黄宗羲说得好，历代帝王从来就是将"敲剥天下之骨髓，离散天下之子女，以奉我一人之淫乐，视为当然"(《明夷待访录·原君》)。这才是真正的"英雄本色"，金海陵如此，成吉思汗如此，天骄傲世、帝王风流，又有几个不是如此呢？奇怪的是芸芸众生偏偏崇拜这等食人的魔头，老百姓爱看宫廷戏，莫非是"虽不能至，心向往之"？

916年至1234年
从金戈铁马到灰飞烟灭
辽西夏金

天下混一 ▷"统治阶级的思想在每一时代都是占统治地位的思想"(马克思)。有一个大皇帝，就会有无数个小皇帝，"天高皇帝远"，未必能给草民带来多少实惠，倒是让无数个小皇帝更加潇洒，他们可以肆无忌惮地为所欲为。小民之所以屡屡越级告御状，也无非是希望"明主"大皇帝来管管胡作非为的小皇帝罢了。而大皇帝对小皇帝们的制约有效与否，也未尝不可作为衡量中国社会是否稳定的标尺。从这个意义上看，"统一"、"集权"，哪怕以血的手段，自有其"群众基础"和"进步作用"，代表了人心所向或所谓的"历史趋势"。▷元世祖混一天下，结束了几百年来的民族纷争，各族百姓总算可以摆脱战争的折磨，有一个相对安定的环境从事生产。政府在各地设置行省，驿站四通八达，"适千里者如在户庭，之万里者如出邻家"。元在吐蕃设置了十三个万户府，西藏正式列入中国版图。忽必烈用武力征服大理，在当地设置郡县，使自南北朝以来长期割据的云南地区归属于中央政府之下。1360年，元朝政府又在澎湖设置巡检司，管辖澎湖列岛和台湾。元的疆域"北逾阴山，西极流沙，东尽辽左，南越海表"，领土较汉唐盛世更为广阔。尽管元的皇帝早期信仰萨满教，忽必烈以后多尊崇佛教，但对宗教基本上采取兼容并蓄的政策。西域文化源源输入，使元的文化呈现出多样性的显著特色。对外贸易极为繁荣，"梯航毕达，海宇会同，元之天下，视前代所以为极盛"(《元史》卷101)。▷世无英雄，遂使竖子成名。若非赵宋王朝的孱弱无能，哪里会有阿保机、阿骨打乃至忽必烈之流的用武之地？辽宋西夏金元这几百年历史是民族大混战大融合的历史，也是汉文明受尽屈辱的历史。不知道"攘外必先安内"的始作俑者是不是宋代的皇帝，从"杯酒释兵权"到"兵将分离"的兵制，这套"安内"的组合拳确实打得漂亮。可是对如狼似虎的辽金夏元，宋朝的帝王却一让再让，一忍再忍，结果是一辱再辱，一命呜呼。诚如西哲所云："一个国家若只为——即使是为着有益的目的——使人们成为它手中较容易制驭的工具而阻碍他们的发展，那么，它终将看到，小的人不能真正做出大的事；它还将看到，它不惜牺牲一切而求得的机器的完善，由于它为求机器较易使用而宁愿撤去了机器的基本动力，结果将使它一无所用。"(密尔《论自由》)宋之一再屈服于异族直到最后被异族彻底征服，其意义不仅事关一朝一代的兴亡，而是已多少显露出一个文明由盛转衰的疲态。

916 年 西夏 > 辽 1227 年

辽、北宋时期全图

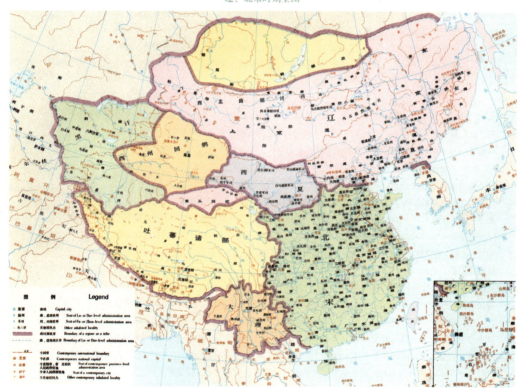

选自谭其骧主编《中国历史地图集》第六册：宋辽金时期

辽、西夏世系表

辽 > 1 太祖阿保机 → 2 太宗德光 → 3 世宗阮 → 4 穆宗璟 → 5 景宗贤 → 6 圣宗隆绪 → 7 兴宗宗真 → 8 道宗洪基 → 9 天祚延禧

西夏 > 1 景帝李元昊 → 2 毅宗李谅祚 → 3 惠宗李秉常 → 4 崇宗李乾顺 → 5 仁宗李仁孝 → 6 桓宗李纯祐 → 7 襄宗李安全 → 8 神宗李遵顼 → 9 献宗李德旺 → 10 末帝李睍

1 1 1 5 年 〉 金 〉 1 2 3 4 年

金、南宋时期全图

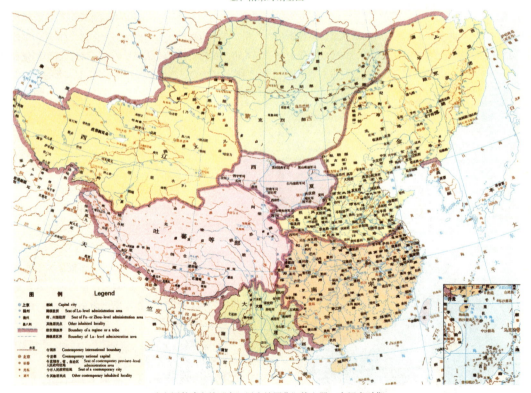

选自谭其骧主编《中国历史地图集》第六册：宋辽金时期

金世系表

1 太祖完颜旻（阿骨打）→ 2 太宗完颜晟→ 3 熙宗完颜亶→

4 海陵王完颜亮→ 5 世宗完颜雍→ 6 章宗完颜璟→ 7 卫绍王完颜允济→

8 宣宗完颜珣→ 9 哀宗完颜守绪→ 10 末帝完颜承麟

公元916年，契丹族首领耶律阿保机在今内蒙古西拉木伦河流域建立辽国。辽共历九帝，二百一十年。

辽太祖刀下留弟

兄弟相残，史不绝书。辽太祖为何顾念手足之情呢？

木叶山白马青牛

"契丹"两字含有镔铁或刀剑的意思。契丹族在建国以前曾经历过漫长的发展过程。据传辽的先祖发迹于木叶山。山上建有契丹始祖庙，庙中有奇首可汗

辽第一开国功臣耶律曷鲁

耶律曷鲁（872—918），字控温，又字洪隐，辽太祖耶律阿保机的族兄弟，在阿保机的功臣中列第一，被尊称为"心"。他和阿保机同岁，两人自幼便形影不离，交情极好。耶律曷鲁不但有谋略，也很有军事指挥才能，因此阿保机一直对耶律曷鲁很器重，军大事都向他请教。在后来阿保机四处征战、成为可汗直至最后称帝建国的过程中，耶律曷鲁一直是其身边最为重要的重臣和忠臣，因此，耶律阿保机称帝后，封耶律曷鲁为"阿鲁敦于越"（即盛名的于越）这样极高的荣誉。整个辽代被封为于越的只有三个人，耶律曷鲁是第一人。

和可敦皇后的彩塑，另塑有八子神像。所谓八子即契丹八部之祖。相传有神人乘白马浮土河而东，有天女驾青牛泛潢河而下，在木叶山二水合流处结为夫妇，生了八个儿子，他们的子孙组成八部落。所以辽人祭祀祖先必用白马青牛。木叶山正中栽有一棵大树，称为"君树"，象征始祖。君树前植有"群树"，象征朝班。这个传说表明他们认为自己的祖先是天神下降人世，契丹的壮大乃是天意所归。

为争权兄弟失和

史书记载辽太祖耶律阿保机出生时，体大如三岁小儿，才出母胎，就会爬行。三个月后就能站立行走，开口说话，自称有神人护佑，具有未卜先知的特异功能。成人后，身高九尺，力大过人，能拉开三百斤的强弓，以勇力和智谋为部属所推崇。907年，经部落选举，阿保机成为契丹八部首领。

阿保机成为部落首领后，他的弟弟数次造反，均为阿保机挫败。公元911年，阿保机的弟弟剌葛、迭剌、寅底石、安端等联合谋反。安端的妻子向阿保机告密，阿保机证实后，不忍心杀害兄弟，便和诸弟登山祭天，让他们向天发誓不再谋反，宰了祭牲后，就将他们赦免了。

辽代契丹武士像

公元 9 1 6 年

世界大事记　意大利教皇约翰十世、皇帝培隆热迫使拿波里放弃与萨拉森人的同盟，并大败萨拉森人于加利利阿诺河。

耶律迭剌
耶律阿保机
耶律寅底石
耶律安端
耶律宽容
耶律葛

《辽史·太祖纪》

人物　关键词　故事来源

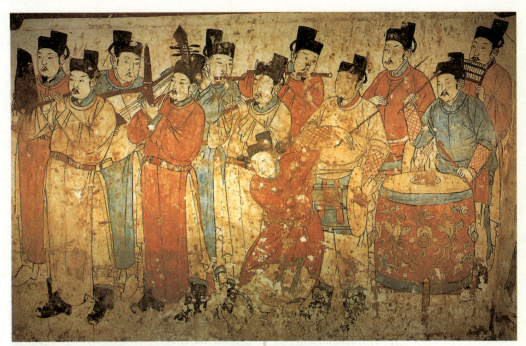

第二年秋，阿保机出征在外，他的兄弟又一次造反，率兵在平州阻击阿保机，失败后罢兵谢罪。阿保机再次给予宽大，"许以自新"。不料剌葛等人在次年又举兵闹事，安端率领上千名骑兵，谎称朝中召见，

烹羊图：内蒙古敖汉旗辽墓壁画

以娱乐休闲为特色的歌舞散乐

"散乐"是宋代以后广泛流传的一种正规雅乐之外的"俳优歌舞杂奏"，演出形式丰富多样，有戏曲、歌舞、杂技等，一般有乐队伴奏。当时的许多贵族官吏家族都有散乐艺人。乐师们皆头戴幞头、身穿盘领袍衫革带、面留八字胡，平行站立两排，手持各种乐器神情专注地进行演奏。此为河北宣化张匡正墓室壁画《散乐图》。

形制同汉族的辽货币"大康通宝"

契丹建辽后，即自行铸造铜货币。此"大康通宝"是辽大康年间铸造的，以后各帝王都铸年号钱，共有18种之多。辽铜钱形制同汉族地区的铜钱一样，钱文全部用汉字，但制作水平较低。

公元920年

闯入宫中。欲发动宫廷政变。阿保机怒斥道："你们谋逆造反，我数次加以宽恕，让你们改过自新，可是你们竟然如此反复无常。"先下手将安端拿下。剌葛自称天子，派寅底石引兵直趋阿保机行宫，焚其辎重、

玛瑙围棋子

1993年，辽宁阜新蒙古族自治县蜘蛛山乡罗匠沟辽墓出土了360枚玛瑙围棋子，为辽代围棋发展状况提供了文物证据。

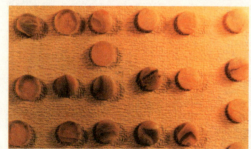

▷历史文化百科

〔辽的壁画〕

　　1993年在河北张家口宣化地区清理辽晚期汉贵族张氏墓群时，出土了保存完好的桌椅等木质家具，以及核桃、栗子等二十多种食物，最精彩的是面积达156平方米的彩绘壁画，内容包括星象图、出行图、散乐图、茶道图、对弈图等，宛然一座五彩缤纷的民间艺术画廊，对研究辽代汉族的日常生活有重要价值。2001年，考古工作者在辽宁朝阳联合乡成功剥离保护一幅大型辽代壁画。画发现于一座辽代古墓中，画长8米，高2米，以契丹人出行和回归为主题内容，墓主相当于节度使身份。虽然墓中的珍贵文物早被盗掘，但壁画却保存完好，色彩鲜艳。画中出行和回归场景壮观，其中10个契丹旗童扛着5面旗帜和5面鼓，亦有汉族马童执鞭赶马的场景，生动逼真，栩栩如生。这些壁画与1972年于内蒙古哲里木盟库伦旗辽晚期墓葬中发现的长壁画，1974年在辽宁省法库县叶茂台村西的契丹早期墓葬中发现的六幅壁画和卷轴画，对研究辽代文化具有十分重要的价值。

庐帐，纵兵大掠。皇后急忙遣将相救，阿保机击溃叛军后，秣马休兵，并不急于追杀。部将疑惑不解，要求快速追杀。阿保机笑道："不用着急，现在追击，叛军必狗急跳墙，拼死一战。让他们逃远点，然后那些士兵必定会思念故乡亲人，待敌军心动摇之时，我迅速出击，必能一举成功。"

手足情刀下留弟

　　次年春，阿保机扫平叛军，剌葛用绳索自缚，牵着羊到哥哥阿保机帐下谢罪。阿保机用棍子将他痛打一顿后予以释放。他说寅底石、安端性本庸弱，且为

凝固着战争的铜钟

辽代是西北契丹族所建立的政权，这个以游牧为生的民族彪悍好斗，长年不断地侵掠宋朝边境，这座辽代所铸的铜钟上留下的各式各样的战争场面，规模宏大，场面激烈，正是契丹尚武的历史见证。

刺葛所胁迫，让他们认错后，释放回家。其余逆党三百多人经过部落元老的审判，全都定为死罪。阿保机说，人命至重，死不复生。在处死这些人之前大宴一日，尽其平生所好，这些人喝得酒酣耳热，唱歌跳舞，摔跤赛箭，狂欢了一天，然后全被当众斩首。

阿保机派人到各个营帐宣读叛逆者的罪状，他不无感叹地说："置人于死地，本不是我的愿望。如果他们仅仅是反对我个人，还可以宽大。但叛逆者恣行不道，残害忠良，涂炭生民，剽掠财产，致使百姓苦不堪言。这次叛乱使国家损失上万匹马，老百姓现在都没马可骑，这是建国以来从未有过的事。不杀不足以平民愤。"

阿保机杀了不少叛党，却赦免了他的兄弟。他称帝后，寅底石、安端等人还做了大官，依旧不失富贵。阿保机顾念手足之情，刀下留弟，为史官所称道，说他德高于周公。为了皇位，兄弟相残之事史不绝书，阿保机能够几次三番宽恕其弟，也确实不容易。反过来看，能宽恕敌人也表明自己力量的强大。

契丹出猎图

中国大事记

天显元年，正月，契丹军攻灭渤海国。
七月，耶律阿保机殁，次子耶律德光（辽太宗）即位，改元天显。

〇〇二

韩延徽两度仕辽

太祖慧眼识人，人材去而复来。

辽建国之初，汉人韩延徽两度仕辽，为辽国礼仪制度的建设出谋画策，多有贡献。

深受汉文化影响的饮茶习俗

饮茶是汉民族由来已久的传统。随着辽汉各民族之间的交往加强，汉人的习俗也被辽人接受。这幅图就描写辽人准备茶时的情形，图中有研磨茶的工具、有煮茶、盛茶的工具。也许来的是一位贵人，准备茶的人显得紧张，而柜后探出的几个小孩的头，也增加了这种气氛。

太祖识人

韩延徽原是幽州刘守光手下的一名小官，刘派他出使辽国。初次见到辽太祖耶律阿保机时，韩延徽立而不跪，以示不辱身份。阿保机大怒，将他扣留下来，押往草原牧马。皇后述律氏对阿保机说："韩延徽作为一个使者能坚守节义，堪称贤者，为何扣押侮辱？理当加以重用。"太祖阿保机招韩延徽交谈，询

公元926年

公元 9 2 6 年

世界大事记 英格兰国王爱德华卒，阿忒尔斯坦嗣位。阿忒尔斯坦对外扩张，势力达及英格兰南部。

《辽史·韩延徽传》　耶律阿保机　王德明　韩延徽　识才

人物　关键词　故事来源

具有吉祥意味的辽乾统七年四凤铜镜
凤是汉民族的吉祥物，却出现在辽官府督造的铜镜上，还同时饰有瑞云、连珠纹，说明当时宋文化对契丹的影响。

问军国大事，韩对答如流，深得太祖赏识。于是以礼慰留，命为高参。在攻打室韦、党项诸部的战争中，韩延徽出谋画策，颇为太祖倚重。他建议阿保机在攻占的土地上建立城郭街区，让来降的汉人和辽人通婚，使之安居乐业，不再逃亡。

辽白釉花口大碗
此碗高9厘米，口径24.5厘米，1992年7月出土于内蒙古自治区赤峰市阿鲁科尔沁旗辽耶律羽之墓。现存于旗文物管理所。此碗看似简单，其实很有讲究，碗口为五个花瓣，胎体很薄，里外施透明釉，釉层薄而润泽，口沿外因垂流集釉而色略重为淡绿色。有时器物的精美往往产生在无意之中，此碗又一次印证了这一事实，墓主人是皇族，又是重臣，那么这只碗的身价就可想而知了。

久居契丹，韩延徽不免思乡，于是写了一首诗表明自己的思乡之情，然后逃归后唐。到后唐不久，韩延徽与将领王缄不合，为了避祸，又回到老家幽州，藏在朋友王德明家中。王德明问他打算怎么办？延徽

辽代雕塑的珍品
华严寺辽代塑像造型自然优美，线条舒展适度。最为经典的两尊塑像，合掌露齿菩萨塑像体态袅娜，婉丽动人，艺术价值最高；胁侍菩萨娉娉亭亭，头着华冠，身披缨络，裙裾飘飘。深受学者与游客的推崇与赞赏。塑像面容丰满，神色虔诚，肌骨匀停的特点继承了唐代绘画风格，是辽代雕塑艺术的珍品。

说："我将再回契丹效命。"德明不以为然，说这不是自投死地吗？延徽笑道："契丹失去我，如同失去左右手，看到我回去一定会很高兴的。"

白鹤归来

果然，韩延徽出走后，太祖十分想念他。一天，梦见一只白鹤从帐中飞出，在空中盘旋了几圈后，又飞回帐中。次日清晨，太祖高兴地对侍臣说："韩延徽快回来了。"

韩延徽回到契丹后，太祖问他为什么要逃走？他答道："忘亲非孝，弃君非忠，臣虽一度逃归家乡省亲，但心中时刻思念着陛下，所以去而复来。"太祖大喜，赐名"匣列"，在契丹语中意思是"复来"。当

辽代门吏图
河北宣化辽墓10号张匣正墓后室拱门西东两侧壁画。

辽五京分布图
辽先后设立了上京、东京、南京、中京、西京5个京城，以上京为首都。上京临潢府（今内蒙古巴林左旗林东镇）、始建于918年，初名皇都，938年定名为上京。东京辽阳府（今辽宁省辽阳市），919年修葺辽阳故城，938年，改为东京。南京析津府（今北京市郊），938年，辽以幽州为南京。中京大定府（今内蒙古宁城县），始建于1007年。西京大同府（今山西省大同市），1044年升云州为西京。辽以五京为中心，分全国为五道，即上京道、东京道、中京道、南京道、西京道，五京既是行政首府和军事重镇，又是商业贸易中心和交通要地，对于辽各民族间的经济文化交流起了重要的作用。

即任命韩延徽为守政事令、崇文馆大学士。国家的内政外交都让他参与决策。

韩延徽历仕太祖、太宗、世宗三朝，辽国的许多建制法度均出于他手，功业显著，死后还葬幽州，人称崇文令公。

> ▶历史文化百科
>
> 〔辽女流行"佛妆"〕
>
> 宋使至辽，看到契丹妇女的化妆与中原大不一样，她们面涂深黄，红眉黑唇，称为"佛妆"或"物妆"。据说其法是冬天用括蒌涂面，然后整个冬天只补妆而不卸妆，直到春暖方才洗去，因久不受风日侵蚀，故卸妆后肤色洁白如玉。所谓括蒌是一种藤生植物，果实又叫黄瓜。这种化妆法看来是一种护肤的美容法，颇近于现代的面膜。

公元938年　公元 9 3 8 年

世界大事记　越南杨廷艺部将吴权起兵攻杀矫公羡，败南汉援矫之兵。

〇〇三

耶律倍　〈辽史·耶律倍传〉
耶律德光
耶律述律
李胡平

猜疑

人物　关键词　故事来源

三弟不如二哥

辽太祖耶律阿保机和皇后述律平生有三子。

长子耶律倍、次子耶律德光和三子耶律李胡。长子耶律倍被立为太子，他聪明好学，爱好作诗绘画，精通医道阴阳，擅长音乐书法，称得上多才多艺。有一次太祖问侍臣："受命于天

人马刻画颇见功夫的《骑射图》（辽·李赞华绘）

《骑射图》，辽李赞华绘。李赞华（898—936），契丹人，原名耶律倍，辽代开国皇帝耶律阿保机的长子，封东丹王，后投后唐明宗，赐姓名李赞华，后被明宗养子遣人杀害。李赞华通阴阳，知音律，工辽、汉文章，擅画契丹人物。此画中武夫腰弓持箭，立于马前，正在校正箭杆，似在做出猎前的准备。人马刻画最见功夫，活灵活现，血肉俱足，实为精品。

小山压大山

哥哥客死他乡，太宗潸然泪下。
本是同根生，相煎何太急？

的君王，应当事天敬神。我欲祭祀历史上有大功德的人，首先应当选哪个？"群臣都说应当敬佛祖。太祖说："佛不是中国的宗教。"耶律倍说："孔子大圣，万世所尊，应当先祭孔子。"太祖十分高兴，下令建造孔庙。下诏皇太子每年春秋二季设祭孔庙。

次子耶律德光，为人勇武，常随太祖东征西讨，战功卓著，深得太祖和皇后的喜爱，被任命为天下兵马大元帅，掌有重兵。

三子耶律李胡，最为皇后溺爱，然性情暴躁，好杀人。太祖曾观察三个儿子的睡相，看到李胡缩着脑袋睡觉，就说："比不上其余诸子。"有一次天寒，太祖令三个儿子外出砍柴。德光不加选择，砍了一捆柴就往回

中国大事记

天禄元年,二月,辽太宗改国号大辽。四月,辽太宗北返,至栾城卒。耶律倍子耶律阮(世宗)即位镇阳。

>历史文化百科<

〔辽人爱食野味〕

辽盛产羊,而不养猪,肉类以牛羊为主,渔猎所得,亦在契丹人的食物中占有相当比例。根据宋使记录,辽的国宴菜单为:先上骆驼肉糜,用勺舀来吃;次为熊肪、羊、猪、野鸡、兔的白煮肉,然后上牛、鹿、雁、鹜、熊、貉的腊肉,切得方方正正,杂放于大盘中。可见在契丹人宴会中,野味占了重要地位。每年江河尚未解冻之时,辽皇帝习惯于在混同江凿冰钓鱼,钓得大鱼后,举行头鱼宴,与皇亲国戚大臣使者饮酒作乐。据说当时在江中钓得的鱼其大如牛,嘴长鳞硬,头长骨脆,重达百斤。

辽墓壁画:契丹人引马图

走,最先回家。耶律倍挑了些干柴,扎好后,第二个回家。李胡取了一些柴,胡乱捆了捆,一路上掉了不少,等到家后,只剩几根木柴。太祖说:"长子灵巧,次子快捷,三子不如兄长。"

二弟压倒长兄

长子耶律倍虽然被立为太子,但在皇位继承上太祖仍显得有些举棋不定。公元926年,太祖灭渤海,改其地为东丹国,令太子治理,封为东丹王,称人皇王。特许着天子冠服,配备四相和文武百官,可建年号。耶律倍依渤海旧制,用汉法,向中央输送

《东丹王出行图》

《宣和画谱》卷八:"李赞华北房东丹王,初名突欲,保机之长子。唐同光中,从其父攻渤海扶余城下之,改为东丹国,以突欲为东丹王。"此图为李赞华所绘《东丹王出行图》。

大量财物，深得太祖称许。封太子为东丹王可以说有利于太子积累政治经验，但客观上却使其僻处一隅，给次子耶律德光提供了掌握全国权力的机会。

太祖去世后，皇后述律平临朝称制，军国大事一概由她决定。述律平主张由次子耶律德光继承皇位。实际上，天下兵马大元帅德光已拥有军事实权，无人能与之抗衡。耶律倍自知大势已去，只得率领群臣上书母后："皇子大元帅身负重望，中外攸属，宜承大统。"于是，耶律德光即皇帝位，是为辽太宗。

长兄客死他乡

太宗当然对曾为皇太子的兄长放心不下，于是将东平（今辽宁辽阳市）改为南京，将耶律倍迁往那里，并迁走当地百姓，又派出许多卫士暗中监视。耶律倍为表白自己胸无异志，便在宫中造了一幢藏书楼，赋诗作文消磨时光。

辽代印刷精品《炽盛光九曜图》
出土于山西应县佛光寺释迦塔，是辽代著名的刻书地南京的印刷珍品，是目前发现的最大立幅雕印着色佛画像，这幅画线条流畅，遒劲圆润，顿挫有力，刀法娴熟，是不可多得的印刷精品。

马背生活的写照
此内蒙古出土的辽鱼鳞纹银壶，制作符合游牧民族的需要，肩薄，前后鼻钮上有弓形提梁，壶盖中部的钮以银链将壶盖系于壶肩前钮上，便于携带。壶的造型优美，说明此时契丹族的金银工艺技术已达到相当高的水平。

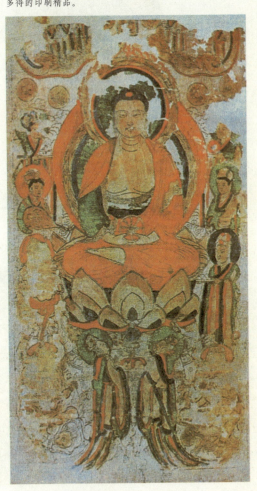

辽佚名绘《山弈候约图》、《竹雀双兔图》

1974年在辽宁沈阳法库西南45公里处的圣迹山发掘了一座辽代早期贵族墓葬。这是一座砖筑的多室墓，主室安置一架精致的木制"小帐"式的棺木。在棺床的东西两壁上挂着两轴绢画：一幅是绘有山水、树木、楼阁、人物的《山弈候约图》，另一幅便是绘有竹丛、麻雀、小兔的《竹雀双兔图》。

当时与辽国对立的后唐明宗李嗣源探知此事，遣使渡海而至，欢迎耶律倍降唐。耶律倍对左右说："我把天下让给当今皇上，今反遭猜忌，不如出奔他国，以成让国之名。"于是借打猎为名，来到海边立一大木，上面刻诗四句："小山压大山，大山全无力。羞见故乡人，从此投外国。"然后携带王妃和书籍浮海投奔

后唐。后唐明宗以天子礼仪迎接耶律倍，赐姓李，名赞华，委任为怀化军节度使。耶律倍虽然已投奔后唐，仍不忘母亲和兄弟，时常派使者前往问候。

后来，辽太宗立石敬瑭为后晋儿皇帝，怂恿石敬瑭进攻后唐末帝李从珂。明宗的养子李从珂弑君自立，耶律倍曾派人密报辽太宗，劝其出兵征讨。李从珂自知江山难保，要耶律倍和他一起自焚。耶律倍不肯，李从珂就派人将他杀害。耶律倍死时年仅三十八岁，太宗闻讯十分伤心，将其遗体运回辽阳府改葬，谥为文武元皇王。

哥哥客死他乡后，辽太宗耶律德光也不无伤感。有一次，他驾幸弘福寺，看到辽太祖、应天皇后述律平和人皇王布施的观音像，不由悲从中来，对随从说："过去我和父母兄弟一起来看观音像，如今只剩下我独自一人了。"

辽青瓷飞鱼形灯

辽代的瓷器可谓我国工艺史上一朵奇葩，它在继承唐五代北方陶瓷传统的同时，结合本民族的习俗，创造出许多具有地方和民族特色的实用工艺品。辽瓷主要以白瓷、青瓷和辽三彩为主，器形既有传统的中原瓷器的碗、盘、碟、杯、盆、盒、瓶、壶、瓮、钵等，也有极具本民族特色的长颈瓶、凤首瓶、穿带瓶、注壶、鸡冠壶、海棠式长盘、三角形盘、方碟等。图为辽代青瓷飞鱼形灯。

公元1004年

世界大事记

神圣罗马帝国的波兰公爵波利斯拉夫占领波希米亚，亨利迫使其退出，战事延续十五年之久。

〇〇四

述律平
李胡
耶律耶律
屋质阮

《辽史·耶律屋质传》

谋略

人物 关键词 故事来源

断腕皇后与长孙的较量

要手腕皇后断腕，怎奈偏爱之子不保业。

贞烈断腕

辽太祖死后，皇后述律平称制摄政。史书上说述律平"果断，有雄略"，是一个颇有手腕的女人。太祖发丧时，皇后哭着要求以身殉葬，与太祖相伴九泉。亲戚百官苦苦相劝，皇后便用刀砍下自己的右腕，将断腕置于太祖的灵柩中。由此赢得了"贞烈"的美名，从而加强了她在宫中的威势，进而试图操纵辽国君王的废立。

世宗称帝

耶律倍逃往后唐，他的儿子耶律阮仍留在辽国。辽太宗很喜欢耶律阮，视若己子，常带他四出征战，将他封为永康王。公元946年，太宗病死于征途，诸将欲立永康王耶律阮为帝，但考虑到李胡和太宗子寿安王在朝，有些犹豫。永康王招宿卫安抟商议。安抟说："大王聪明宽恕，又是人皇王的嫡长，太宗虽有寿安王为子，但天下大多拥护你，今若不断，后悔无及。"安抟同时在军中散布谣言，谎称李胡已死，众人信以为真。作为太宗的近亲，耶律阮在从军诸将的拥戴下，于灵柩前即皇帝位，是为辽世宗。

辽世宗派人将太宗灵柩运回国，自己率大军随后北进。

偏爱之子不保业

世宗的祖母述律平本来打算让三子李胡当皇帝，现听说耶律阮已即帝位，十分恼火。太宗在位时，李胡就依傍母亲在朝中的权势，被封为皇太弟，作为法定继承人准备兄死弟及。如今眼看着侄子占了皇位，岂能干休。

述律氏派李胡率兵进击世宗，结果被世宗的前锋打得大败。李胡恼羞成怒，将世宗臣僚的家属全部关押起来，说："我如果打不赢耶律阮，就先把这些人杀了。"太后述律平见李胡兵败，便亲自出马，隔黄河与世宗军对阵。

辽刻《妙法莲华经》
这件木版辽代经卷，1974年在山西应县木塔内发现，内容为大乘佛教最为重要的经典，一般简称为"法华经"。中国佛教派"天"，即以此作为主要的教义根据，故又称"法华宗"。此卷为硬黄纸，卷轴装，总长1110.8厘米，此为第一纸，有卷首画，为佛祖释迦牟尼在灵鹫山上趺坐说法，图中人物、殿宇、山林、禽兽描绘生动，栩栩如生，刻工亦十分精良，真是辽代木刻经卷中的佳作，在塔内存放多年，经修复后能展现如此面目，也殊为不易。

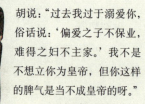

世宗知道朝中重臣耶律屋质对李胡心怀不满，而耶律屋质为太后所倚重，就写了一封信向太后问好，欲挑拨太后与李胡的关系。太后得信后，找来耶律屋质和李胡商议。耶律屋质说："太后佐太祖定天下，所以臣愿意竭死力。如若见疑，臣虽欲效忠也办不到。当今之计，以和为上策，事必有成。否则只有速战速决，拼出胜负。然一旦开战，人心动摇，国祸不浅，愿太后裁决。"太后说："我如果不信任你，怎么会把信给你看？"屋质说："李胡、永康王都是太祖的子孙，皇位并未移入他族之手，我看永康王当皇帝也不是不行，我劝太后还是目光放远，与永康王和谈为上。"李胡大怒道："我在这里，哪里轮得到他来做皇帝？"耶律屋质说："无奈你性情过于残暴，如若即位，必人人自危，没有人会拥护你的。"太后对李

胡说："过去我过于溺爱你，俗话说：'偏爱之子不保业，难得之妇不主家。'我不是不想立你为皇帝，但你这样的脾气是当不成皇帝的呀。"

和则两利

于是太后派屋质为使者，带着她的书信前往世宗那边讲和。世宗刚打了胜仗，在起草回信时口气十分强硬。屋质劝道："这样回信，国家之忧难解。我看还是双方少说气话，讲和为上。"世宗说："他们不过是一帮乌合之众，哪里是我的对手？"屋质说："就算李胡打不过你，但你们的家属都在他手里，难免一死。"世宗手下的人听了这话都大惊失色。世宗考虑了一会说："怎么个和

辽代镏金龙纹银冠（上图）
辽宁建平张家营子辽墓出土。

辽晚期小木作的发展
阁院寺建于辽应历十六年，主殿大雄宝殿为单檐歇山式结构，内部空阔宽敞。值得珍视的是外檐槅扇门上的横披窗，它保留了原来形式，窗棂格有四交米格、述文、三交菱衣、斜方格等纹样，反映了辽晚期在小木作方面的发展。

〔斡鲁朵宫帐制：皇族私产制〕

斡鲁朵语出古突厥语，义为帐幕，在契丹语里指皇帝宫帐。所谓斡鲁朵不仅指皇帝所住的帐篷，而包括一个独立的军事、经济单位，每个辽主都有自己的斡鲁朵，有的皇后也有自己的斡鲁朵，每个斡鲁朵下有其直属的军队、民户、奴隶和州县，皇帝死后，其奴隶财产并不属于继位的皇帝，其斡鲁朵仍然存在，由其家族后代继承。斡鲁朵的组织，适应契丹人游牧习惯而形成，主要责任是护卫宫帐，所属军队平时担任皇帝宫帐的警卫，战时随皇帝亲征，亲近侍从后多立功成为亲信重臣。所属州县向本宫提供租税、劳役，还为本宫补充兵员。其下民户世代隶属宫籍，即使其人位至宰相，若无皇帝特许，仍不能独立。这种皇族相对独立的私产制，是为了扩大耶律氏实力集团的数量，对维护其统治起了重要作用，后来对蒙古的斡耳朵与怯薛制有着直接影响。

辽生活用具玳瑁釉瓷枕

此为辽时生活用具，作马鞍形，空心，枕面椭圆，周身施釉，釉色所呈花纹同玳瑁背上光滑的花纹极其相似，故名为玳瑁釉瓷枕。

辽代青白玉珮饰

内蒙古奈曼旗陈国公主墓出土。

法？"屋质说："与太后相见，大家把昔日的怨气先抛在一边，就不难和解。实在谈不拢，再开战也不晚。"

　　双方一见面，控制不住自己的情绪，都说了许多责怪对方的话。太后对屋质说："还是你来出个主意吧。"屋质说："太后和大王如能解除怨气，臣才敢进说。"太后说："你只管讲。"太后问道："过去人皇王还在时，为什么立嗣圣辽太宗为帝？"太后答道："立嗣圣为帝是太祖的遗旨。"屋质又问世宗："大王何故擅自称帝，不先禀告尊亲？"耶律阮说："人皇王本当立为皇帝却不立，被迫离国出走。所以我不敢信任太后。"屋质正色道："人皇王舍弃父母之国而投奔后唐，有违儿子的伦理。大王见太后，对祖母出言不逊，怨言满口难道就对吗？太后心存偏爱，借口先帝遗命，妄授神器。你们双方都以为自己有理，不肯相让，要打就快打吧。"说完拂袖而去。

　　这番话看似大不敬，却是各打五十大板，给双方都留了面子。太后流泪道："过去太祖时，诸弟叛乱，天下荼

毒，对国家造成极大的伤害，至今尚未恢复元气。怎么可以再相互残杀呢？"世宗也说："父亲当不上皇帝，儿子能当皇帝，我还能怨谁呢？"周围的人都感动得流下了眼泪。

　　太后又问屋质："既然大家愿意讲和，那么由谁来当皇帝呢？"屋质说："太后若将皇位授与永康王，顺天合人，还有什么可犹豫的呢？"李胡在一旁大声喝道："我在这里，耶律阮怎么可以当皇帝？"屋质说："按照礼制，皇位应当传于长子。过去立圣太宗为帝，已不合礼法。何况你暴戾残忍，人多怨恨。现在万口一辞，都拥护永康王为帝，岂能改变？"太后对李胡道："听到了吗？都怪你自己不得人心，自作自受呀。"

　　耶律阮终于名正言顺地坐上了皇位，但他总感到太后和李胡是他的一块心病，当他得知他们又企图"谋废立"时，便毫不手软，将二人迁往边地，软禁起来。

寓意吉祥的辽"叠胜"铭

古人将菱形类的几何图案花饰称为"胜"，寓意吉祥。"叠胜"即双胜相叠，和双喜的喜庆功用是一样的。

〇〇五

二帝被弑

睡王好饮又好杀，死于非命理该当。

辽世宗上台没做几年皇帝，就被叛军谋杀。太宗的儿子寿安王耶律述律镇压叛军，继承皇位，是为辽穆宗。可是不争气的穆宗最后也死于非命。

才智过人的辽萧太后

萧太后（953—1009）名绰，小字燕燕，北院枢密使兼北府宰相萧思温女。她自幼聪慧好学，才智过人。十七岁时被景宗耶律贤选为贵妃，保宁元年（969）五月册为皇后。景宗因长期患病，由萧皇后代理军国大事。乾亨四年（982）九月，景宗卒，年方十二的长子耶律隆绪继位，是为圣宗，她奉诏摄政，并受尊为皇太后。摄政期间注意发展生产，劝课农桑，禁伐桑梓，劝民种树，拓垦荒地。知人善任，重用汉官。军事上屡次对宋用兵，她习知军政，"亲御戎车，指麾三军"，被甲督战。曾大败宋军主力曹彬，擒杀名将杨业，挫败宋军北伐。终逼宋主求和，签订著名的"澶渊之盟"。从此，契丹与宋百余年无较大冲突。

刘哥行刺

世宗天禄二年（948），朝廷重臣耶律刘哥和他的弟弟参与太宗庶子耶律天德谋反，此事被一个名叫石刺的探知后密告耶律屋质。屋质上报世宗，世宗委派屋质负责审理此案。刘哥死不承认，因无旁证，只得暂时搁置。后来，刘哥请世宗到他家去观看赌博游戏。刘哥袖管里暗藏利刃，上前给世宗敬酒。世宗发现他神色慌张，令卫士将他扣押，亲自加以审问。刘哥还是大喊冤枉，对天起誓，死不认账。世宗本想算了，屋质坚持不能就此了结。世宗就叫他复审，屋质让耶律石刺和刘哥公开对质，刘哥理屈词穷，只得认罪。

第二年，屋质又侦知泰宁王耶律察割企图犯上作乱，便上奏世宗。但察割曾在拥立世宗夺取皇位时立有大功，深得世宗信赖，世宗对屋质的上奏未予理会。

契丹王子骑射图（辽·李赞华绘）

《辽史·穆宗纪》
《辽史·耶律屋质传》

昏庸

人物　关键词　故事来源

耶律述律
耶律屋质
耶律察割
耶律刘哥

辽代夫妇合葬墓

20世纪80年代，在内蒙古自治区通辽市奈曼旗青龙山镇斯布格图村北山上挖掘出一座古墓，经考证，确认为辽代景宗的孙女陈国公主及其驸马的墓葬。墓主夫妇头枕金花银枕，并排而卧，脸戴覆金面具，头置镏金银冠，脚着金花银靴，全身都罩有银丝网络，并佩有琥珀璎珞，腰部都束着饰金丝带和银片蹀躞带，带上悬有各类饰品和工具，公主的手、耳均戴有金、银等珍贵饰物。此外，墓中还发现数量多达一千余件的随葬品，且多数为极为罕见的珍品，是辽代文物的精华。这座陈国公主及其驸马的合葬墓，是迄今为止出土文物最多、保存最为完整的辽代墓葬，其中出土的珍贵文物为了解辽代的政治、经济、文化以及契丹风俗提供了重要的资料与佐证，具有重要的意义。

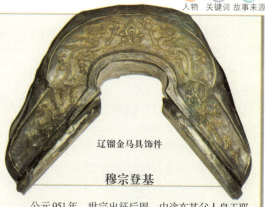

辽镏金马具饰件

穆宗登基

公元951年，世宗出征后周，中途在其父人皇王耶律倍的行宫举行祭礼，入夜君臣皆醉，察割突然举兵攻入大帐，杀死世宗。屋质这天正穿紫色的衣裳，只听有人喊道："不要让穿紫衣者逃跑。"屋质急忙换了上衣，

辽陈国公主覆金面具

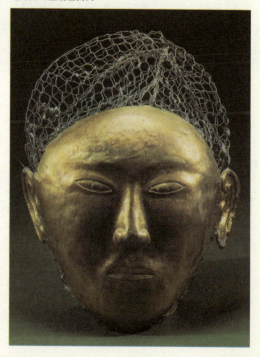

公元1077年

派人迅速召集诸王，同时组织禁卫奋力讨贼。太宗的长子寿安王耶律述律领兵先至，但有些犹豫，不敢率先出头镇压叛乱。屋质晓以利害："大王是太宗的儿子，叛贼如果抓住你，决不会轻饶。大王若不敢登高一呼领头镇反，群臣将以谁为主？天下将靠谁支撑？万一您落入贼手，后悔都来不及呀。"寿安王顿悟，于是出面整军，诸王相继而至。次日凌晨包围叛军，察割仓皇应战，被斩于马下。

平叛后，寿安王坐上皇位，是为辽穆宗。他对屋质说："朕之性命，实出你手。"便将察割逆党的财产全部赐给屋质，屋质坚决推辞。

佛教名刹华严寺上寺大雄宝殿

华严寺在今山西省大同市内，为辽兴宗、道宗时（1031—1101）所建，寺内有辽代佛教彩塑、雕塑的代表作。该寺在金攻陷西京时，遭到严重破坏，金熙宗天眷三年（1140）重修大雄宝殿。从此，华严寺便分成上、下寺两组建筑，今位于下寺的薄迦教藏殿，位于上寺的大雄宝殿，都是辽金原物。薄迦教藏殿建于辽重熙七年（1038），是藏经殿。殿内沿壁排列着制作精巧细致的重楼式壁橱，在后窗处中断，做成天宫楼阁和圆桥和西边壁橱相连。殿内有辽代塑像，据金大定二年（1162）碑记称系"三世诸佛、十方菩萨、声闻、罗汉、一切圣贤"。佛像雕塑精美，特别是菩萨神形各不相同，或结跏趺坐，或站立，颇具女性风度。这些雕塑堪称辽朝代表之作。

最早的木楼阁和最大的观音塑像

独乐寺坐落于天津蓟县西关口北面，始建于唐代，重建于辽代。观音阁高23米，是国内现存最早的木结构楼阁。阁内有一座观音菩萨像，用泥塑成，是国内最大的观音塑像。塑造者在观音头顶上塑出10个小观音，因而又有"十一面观音"之称。

睡王好杀

穆宗好喝酒，当上皇帝后更是滥饮无度，不理朝政。不过他还算明白，常对大臣说："我醉后处理朝政可能有误，你们不要屈从，等我酒醒后，重新上奏。"穆宗

> ### 历史文化百科
>
> 〔四季皇宫〕
>
> 契丹人建之后，皇族仍保持渔猎骑射的民族传统，皇帝按四季变化到各地打猎，其临时驻地就称为"捺钵"或"四时捺钵"，故《辽史》本纪常见辽主行踪不定。辽圣宗以后，四季捺钵有了相对固定的场所：春捺钵在长春州（今吉林扶余他虎城）捕鹅，又在混同江（今第二松花江）钓鱼；夏捺钵在永安山或炭山放鹰；秋捺钵在庆州（今辽宁林西县北）射鹿；冬捺钵在永州（今辽宁西拉木伦河与老哈河汇合处）猎虎。皇帝在捺钵逗留的时间长短不定，长者两月左右，短者一月不到。皇帝出行时，契丹上下百官全部随行，而汉族所谓南面官只有一二人随行，汉官大多留在京城处理日常事务。每年在冬夏捺钵举行北南大臣会议，商讨国事，这时捺钵便成为政治中心。捺钵警卫十分严密，毡车为营，硬寨为宫，贵戚为侍卫，百官轮番守夜值班。比起长年困于深宫的汉族皇帝来，辽主的生活就有情趣多了。

性情残忍，动不动就杀人，一篇本纪记录他杀人的地方就有二十多处。他周围的侍者更是首当其冲，一不小心就成了他的刀下鬼。许多在宫廷花园中饲养禽兽的"鹿人"、"獐人"、"雉人"、"豕人"、"鹘人"、"鹰人"等都被他杀害。吃饭时，近侍给他上餐具稍慢点，他就一刀刺去。近侍喜哥没有请假私自回家一次，穆宗便杀了喜哥的妻子。女巫肖古上延年药方，妄称需用男子的胆来做药引，穆宗听信，更是为此杀了不少无辜的人。有一个管野鸡的人因伤了一只鸡，吓得赶紧逃跑。穆宗派人把他抓回，准备杀了，大臣夷腊葛认为，此人够不上死罪，劝穆宗刀下留人。穆宗冷笑了一声，一刀杀了管野鸡的人，还把尸体扔到夷腊葛的面前说："收下你的老朋友吧。"

穆宗一边杀人，一面却假惺惺地对朝臣说："有罪的人，当然该杀，但是我发怒时，如果滥及无辜，你们一定要加以劝阻，不要盲从。"可面对这样一个杀人狂，谁又敢吱声?

现存最古老的木结构塔式建筑（及右下图）

辽时释迦塔为层檐式木塔，在山西应县佛宫寺内。外观为五层六檐，夹有暗层四级，实为九层，内部成双层套筒式结构，复梁式木架，坚固无比，历经九百余年，是中国现存最古老最高大的木结构塔式建筑。

辽三彩中的精品：三彩摩羯壶

此件辽代的三彩摩羯壶于1975年发现于内蒙古通辽市科左中旗。壶长30厘米，高22.3厘米。壶整体造型为兽首鱼身的摩羯，卧于莲花之上。摩羯鱼源自印度神话，被认为是河水之精，生命之本。此壶的摩羯造型为昂首摆尾，口含一珠，珠中有孔为流，兽角后面有一注水口，翼与尾之间以梁相连为执手。鱼身浮雕鱼鳞。整件器物造型优美，线条流畅，通体施以黄、绿、白三色釉，斑斓艳丽，堪称辽三彩中的精品。

穆宗整日饮酒，喝醉了便大睡，时人称为"睡王"。穆宗还喜欢打猎，一次他打到两头黑熊，十分高兴，回到帐内，又大饮一场，回到行宫呼呼大睡。早已对他恨之入骨的一伙仆人乘机把他乱刀砍死。史书上说，这也是恶有恶报，罪有应得。

〇〇六

大奸乙辛

道宗愚蠢杀妻害子，
乙辛奸诈权高震主。

梦中吃日月

耶律乙辛在《辽史·奸臣传》中名列首位，乙辛出身穷苦，据说他妈怀孕的时候，做梦与一只野羊搏斗，拉断了羊的角和尾巴。占卦者对她说："这是个吉兆，'羊'字去头尾为'王'，你腹中的小儿将来能当王。"乙辛小时候就相当狡黠。有一次，他在外放羊，躺在山坡上睡着了，他爸把他摇醒，乙辛生气地说："干什么把我惊醒？我正梦见一个神人把太阳和月亮给我吃，我吃完了月亮，才咬了一口太阳你就把我吵醒了。可惜没把太阳吃完。"他父亲从此就不再让他放羊。这个故事可能是后人附会编造的，因为乙辛后来确实害死了辽道宗的皇后和皇太子。

辽代女作家萧观音

萧观音，辽代女作家，辽道宗耶律洪基懿德皇后，死后追谥宣懿。她爱好音乐，擅琵琶，工诗，能自制歌词。曾作《伏虎林应制》诗、《君臣同志华夷同风应制》诗等，被道宗誉为女中才子。后来，由于谏猎秋山被疏，作《回心院》词10首，抒写幽怨怅惘心情。太康初年，被耶律乙辛等人诬陷，含冤而死。道宗朝进士王鼎所撰《焚椒录》中详细记载了萧观音被害的经过，录存了她的许多作品。此图选自清代马骀《马骀画宝》。

辽代砖雕艺术的珍品觉山寺塔

觉山寺位于山西省灵丘县城东南15公里的觉山山腰，创建于北魏孝文帝太和七年（483）。寺内建筑分三条轴线，每条轴线从前至后都有三层院落。中轴线上有山门、钟鼓楼、前殿、中殿和东殿。东、西、中三条轴线并立，四周围墙整齐。寺塔建于辽大安六年（1090），虽经元、明两代多次地震，至今仍巍然屹立。塔高13层，平面八角形，密檐实心砖砌，十三层塔檐长度逐层递减，是典型的辽代密檐塔，被专家认定为鉴定年代相近的古建筑的标志建筑。塔内有八角形塔室，中心有八角形塔心柱。底层可攀登，内有木雕卧佛一尊，四壁有壁画。塔座周围有砖雕歌舞伎，是辽代砖雕艺术的珍品。

《辽史·道宗惠妃萧氏传》《辽史·耶律乙辛传》

耶律洪基
耶律萧燕观哥音
耶律赵律惟乙
浚一辛

邪恶

人物　关键词　故事来源

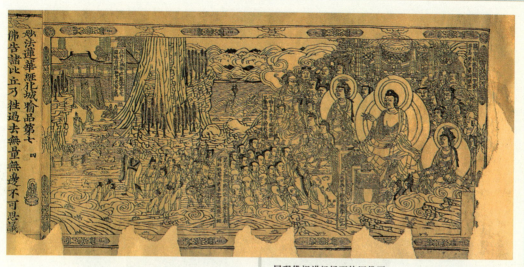

惟有知情一片月

辽道宗的皇后萧观音是个有名的才女。她口才出众，姿容冠绝，工诗善文，尤其擅长音乐，会谱曲作词，弹得一手好琵琶。

道宗善于骑马射箭，喜欢围猎，他常骑着心爱的良驹"飞电马"，驰骋山林，追猎猛兽，有时连贴身

辽中京遗址

辽中京遗址位于内蒙古赤峰市宁城县大明镇，兴建于辽圣宗统和二十五年(1007)，是辽王朝极盛时期的陪都。中京有三重城：外城、内城和皇城。外城东西长4200米，南北宽3500米，正门曰朱夏门。内城在外城的中部，成"回"字形。皇城居于内城中北部，长宽均为1000米，其北墙与内城之北墙结为一体。皇城中有祖庙、文化殿、武功殿及大殿等建筑群，城内还建有一塔。因毁于明朝，当地人又将此处称为大明城。

展现佛祖讲经场面的辽佛画

山西朔州市应县佛宫寺释迦塔第四层释迦坐像内发现装像秘藏，有辽代经卷、佛画共92件（组）。木塔秘藏的佛经佛画多系燕京雕印，制作时间前后绵延一百余载，它从木版雕印这一侧面，显示了公元10至11世纪时燕京文化的历史成就。此佛画生动记录了佛祖讲经的场面。

扈从也跟不上。皇后萧观音怕出意外，数次劝阻，说多了，道宗就感到很讨厌。当时已当上枢密使的耶律乙辛正与萧后娘家争权，便刻意谋害萧观音。

萧后曾作《回心院》词十首，谱成曲，让她赏识的伶官赵惟一演奏。宫中还有一个叫单登的婢女，也

> **历史文化百科**

〔西瓜南移〕

辽破回纥，带回西瓜种，于燕北引种成功，因出自西域，故称为西瓜。在中原人看来，这是一种新奇的植物，说它"大如中国冬瓜而味甘"。金灭辽后，西瓜种植南移，河南等地也开始种植。但那时的西瓜似乎甜味不足。金世宗时，宋范成大出使，吃了不少西瓜，说它"味淡而多液"，诗曰："碧蔓凌霜卧软沙，年来处处食西瓜。形模濩落淡如水，未可蒲萄苜蓿夸。"以后品种不断改良，南宋时逐渐引进南方各路。

中国大事记

天庆四年，七月，女真完颜阿骨打起兵反辽，取宁江州。十月，大败辽兵于出河店。十二月，进占宾州、咸州、祥州。

辽代十一面观音像

这座十一面观音像在天津蓟县的独乐寺观音阁中，塑于辽统和二年（984）。观音塑像高15.4米，连须弥座总高为16.27米，因观音的头上还有10个小头像，或作慈悲吉祥相，或作瞪目发怒相，或为白牙上出相，或为暴恶大笑相，传神逼真，故称十一面观音像。它是我国最大的观音泥塑像之一。

擅长弹琵琶，为了争宠，表示要与赵惟一比比高下。萧后就让两人对弹二十八调，单登比不上赵惟一，十分恼恨。她有一个妹妹叫清子，虽已嫁人，却与乙辛私通，便将皇后宠幸赵惟一的事告知乙辛。乙辛心生一计，嘱人作了十首内容狎昵的爱情诗，名为《十香词》，谎称为宋国皇后所作，交单登陷害萧后。单登假意向萧后求墨宝，请萧后将《十香词》抄录一遍。萧后不知是计，抄毕意犹未尽，执笔赋诗一首：

"宫中只数赵家妆，败云残雨误汉王。

惟有知情一片月，曾窥飞燕入昭阳。"

诗中用了汉成帝和皇后赵飞燕的典故。

乙辛得到萧后亲自书写的这些诗篇后大喜，迫不及待地跑到道宗那里诬告皇后，说什么《十香词》是萧后为赵惟一所作，并以七绝中含有"赵惟一"三字为证，指控萧后与赵惟一私通。道宗听说大怒，诏乙辛负责审理，坐实奸情，赵惟一被灭九族，赐萧后自

尽。萧后深感冤屈，临死求见道宗一面，道宗不允。萧后只能望道宗居处遥拜，作《绝命词》一首，然后悬梁自尽，年方三十六岁。

太子冤案

乙辛害死萧观音后，有点恐惧，还想除掉萧后的儿子耶律浚，他知道一旦太子继位，自己将不得好死。乙辛先是向皇帝上书，说什么："皇帝与皇后如日月并位，中宫不可久旷。"然后将他亲信的妹妹推荐给道宗为皇后。乙辛的所作所为也引起一些正直大臣的愤慨。护卫萧忽古曾准备刺死乙辛。乙辛得知后更是加快了谋害皇太子的步伐。

皇太子耶律浚聪明好学，武艺出众。七岁时随道宗出猎，矢三发三中，遭遇十只野鹿，他一口气射杀九只。道宗高兴地对左右说："我家历辈，骑射过人，威震天下。此儿虽尚年幼，不失祖宗遗风。"八岁被立为皇太子。十八岁兼领北南枢密院事。

母后被害后，太子郁郁寡欢。乙辛的亲信副检点萧十三对乙辛说："太子为人深得臣民人心，一旦登基，我辈必死无葬身之地。"乙辛指使萧十三等人出面诬告都宫使耶律察剌和萧忽古阴谋废道宗，立太子为帝。因拿不出有力的证据，道宗未加理睬。乙辛又

世界大事记

神圣罗马帝国萨克逊公爵罗泰尔及迈恩兹与科隆两大主教发动叛乱。

生一计。他让萧讹都斡以自诬的方法再次上奏称："我也参与了反对皇上的阴谋，我们准备杀死乙辛，然后立太子。我若不说出来，恐怕事发受牵连，所以冒死上奏，乞求宽恕。"这回道宗相信了。他将太子软禁起来，派耶律燕哥主持鞫讯。太子不服，对燕哥申诉："我本来就已当上了太子，早晚能继承皇位，何苦要谋求废立呢？请您在父皇面前为我申辩。"可是他不知燕哥也已为乙辛买通，反向皇上谎报太子已认罪。道宗大怒，废太子为庶人，流放到边城。太子临行仰天长叹道："我有什么罪？竟落到这种地步。"萧十三叱令速速上车，将耶律浚押住上京（今内蒙古巴林左旗南），不久就被乙辛派来的人暗杀了。乙辛向道宗谎称太子因病而死。道宗不无伤感，打算召回耶律浚的妻子。乙辛恐怕真相败露，又遣人将太子的妻子杀死。道宗糊涂，竟中奸臣的计谋，害死了自己的皇后和太子。

乙辛在朝中的权力越来越大，他更为肆无忌惮，结党营私，打击忠良，无所不为。甚至企图陷害皇孙。有一次道宗准备外出打猎，乙辛奏请留下皇孙，道宗刚想答应，同知点检官萧兀纳上前谏道："陛下如照乙辛所言，留下皇孙，请让臣也留下保护皇孙，皇孙年纪尚幼，应防不测。"言下之意正是暗示皇帝须防乙辛三分。道宗亲眼看到许

以佛经为舍利的辽凤衔珠镏金法舍利塔

庆州白塔是释迦佛舍利塔，位于内蒙古自治区巴林右旗庆州城遗址内，塔为砖木结构阁楼式。造型雄奇，装饰华美。塔内集中了大批珍贵的辽代佛教文物。其中有一件银制镏金法舍利塔，内藏一卷佛教经卷，经卷以白绢包封，绢包上有墨书"舍利"字样，说明它们入藏时的本意就是以这些佛经为舍利，即法舍利。

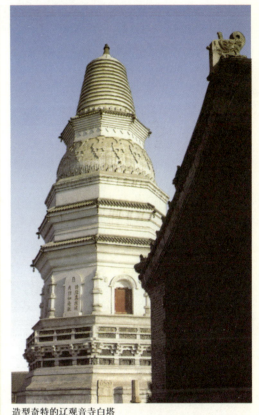

造型奇特的辽观音寺白塔

观音寺白塔位于天津蓟县城西南隅，独乐寺正南300米，始建于辽清宁四年（1058），原名渔阳郡塔，明嘉靖十二年（1533）在塔前修建观音寺，加上塔身为白色，故又称观音寺白塔。明清两代均曾重修，但仍保持原来形制。塔通高30.6米，呈平面八角形。塔基下部砌花岗石条，上部筑仿木砖雕须弥座，其壸门内浮雕舞乐伎，刻工精细，栩栩如生，是研究辽代音乐舞蹈的重要例证。塔身南面设门，八个转角处作重层小塔。塔身上出三层砖檐，檐角上挂有铜铃。檐上置塔座承覆钵形圆肚、十三天和铜刹，素有"金峰平挂西天月，玉柱直擎北塞云"之誉。此塔下部为密檐塔型，上部砌作覆钵式，是中国辽塔造型奇特之一例。

多朝官对乙辛唯唯诺诺，前呼后拥，心里也十分不高兴。终于将乙辛削官流放。乙辛企图投奔宋朝，事情败露，被勒死。

天祚帝亡国

祸尽忠臣罚不明，养成外患嗟何及！

辽道宗曾因奸臣乙辛的挑拨杀害了皇后和太子。无独有偶，辽末帝天祚皇帝耶律延禧又重蹈他祖父的覆辙，在奸臣萧奉先的欺骗下，害死了自己的爱妃萧瑟瑟和亲生骨肉敖卢斡。

文妃失宠

萧瑟瑟出身于渤海王族，姿色出众，多才多艺。天祚帝初次见到萧瑟瑟便神魂颠倒，不能自已。他将萧瑟

辽代木板画《侍卫图》

此图为一辽代墓室出土的木板画，从风格上看与现已出土的辽墓壁画十分相近。其绘制方法为先在木板上涂一层漆，再在上面加以勾画。图正中大门紧闭，不见屋顶和墙壁，大门两旁各有一树、一犬、一童及一侍从。门上左右各绘一对仙鹤和喜鹊，以增加吉祥的气氛。

瑟带入宫中，藏匿数月。皇太叔和鲁斡知道后，就劝天祚帝明媒正娶，公开纳萧瑟瑟为妃，封为文妃。文妃不久便生子敖卢斡。文妃聪慧娴雅，深得皇帝宠幸。她的儿子被封为晋王。

天祚帝当政时期，辽国内忧外患日趋严重，天祚帝却游猎无度，直言劝谏的忠臣多被疏斥，文妃眼看国势颓危，金的威胁日益严重，便作歌讽谏："勿嗟塞上兮暗红尘，勿伤多难兮畏夷人，不如塞奸邪之路兮选取贤臣。直须卧薪尝胆兮激壮士之捐身，可以朝清漠北兮夕枕燕云。"又作诗抨击朝政的黑暗："丞相来朝兮剑佩鸣，千官侧目兮寂无声。养成外患兮嗟何及！祸尽忠臣兮罚不明。亲戚并居兮藩屏位，私门潜畜兮爪牙兵。可怜往代兮秦天子，犹向宫中兮望太平。"

公元1124年

世界大事记

为争夺诺曼第主权，英法开战。

《辽史·天祚皇帝纪》
《辽史·天祚文妃萧氏传》
《辽史·萧奉先传》

萧耶律瑟律延禧
敖卢斡耶律萧奉先
贵余哥余睹先　奸佞

人物　关键词　故事来源

辽道宗小字契丹文哀册

神册五年（920），辽太祖耶律阿保机在文臣耶律突吕不和耶律鲁不古的参与下，仿照汉字创造了契丹国文字，即契丹大字。契丹文字共有两种，其中一种是辽太祖阿保机主持创造的契丹大字，另一种是辽太祖弟耶律迭剌创制的契丹小字。契丹大小字的区别不是字的大小，而是由于创制先后不同而表现出来的拼音程度的不同。由于受到汉字与契丹语的双重影响，契丹大字变成表意文字与拼音文字的混合体。其字形结构与简化的汉字相似，有点、横、直、撇、捺等笔画，也全部是横平竖直拐直角的弯。有个别字是直接借用汉字的形、音、义，例如"皇帝"、"王"等，这类字全是用来记录契丹语中的汉语借词。还有些只是借用了汉字的字形和字义，读音则依据契丹语。而大部分契丹大字都与汉字字形不同，是自行创制的新字。

晋王遭殃

天祚帝看到这些讽喻诗后不仅没有丝毫悔悟，反而对文妃心生忌恨。文妃姐妹三人，姐姐所嫁耶律挞葛里，妹妹所嫁耶律余睹，都是朝廷重臣。文妃之子晋王武艺高强，对人十分宽厚，在诸皇子中更显得鹤立鸡群，十分能干。当时辽宫中不准内侍读书，一经发现，严加训斥。一次，天祚帝召见王子，晋王到皇宫时看到一个叫茶剌的

契丹大字铜印

契丹建国后，仿照汉制设立官职颁发官印，此印形制宽大厚重，是辽代国家制度的重要物证。

辽代契丹藏经卷

辽道宗陵出土的篆盖

> 历史文化百科

〔西辽国〕

辽末，辽皇族耶律大石眼见天祚帝回天无术，便领二百骑兵连夜逃走，并自立为王。金灭辽后，随即南下，而辽西北各部落实力并未受损。大石以恢复故国相号召，得精兵万余人，又组织了一支军事力量。公元1130年，他决意西征，成功地说服了回鹘国王，得以借道西去，摆脱了金军的追击。大石率军击败十万西域诸国联军，行至起儿漫（今乌兹别克斯坦克尔米涅）称帝，号天祐皇帝，仍用辽国号，史称西辽，又称哈喇契丹（黑契丹）。西辽五帝，享国八十八年，1218年，为蒙古所灭。

公元1125年

公元1125年

中国大事记

保大五年，正月，天祚帝奔党项，趋天德军。二月，天祚帝至应州，为金兵所俘，辽亡。

辽契丹小字铜镜

辽契丹小字《宣懿皇后哀册文》

在契丹大字创制后不久，辽太祖弟耶律迭剌又参照回鹘字对大字加以改造，创制了契丹小字。契丹小字为拼音文字，采用回鹘字和汉字反切注音的方法，先制定三百余个表音符号的原字，再将若干原字相拼以记录契丹语。小字的特点是"数少而该贯"，较大字更为简便。这两种契丹文字并用于辽、金时期。图为契丹小字辽《宣懿皇后哀册文》。

内侍正在看书，就拿过书来翻了翻。正巧其他王子也来了，晋王便把书藏入袖中带回家，后来悄悄地还给茶剌，关照他小心不要再让人看见。晋王年纪轻轻就懂得隐恶扬善，具有长者风度，在朝廷内外很得人心。文妃自然也希望晋王能继承皇位。

天祚帝的元妃贵哥也生有一子，封为秦王。贵哥的兄长萧奉先为枢密使，封兰陵王。此人外宽内忌，成事不足，败事有余，却颇得天祚帝的赏识。萧奉先想立贵哥所生之子秦王继承皇位，处心积虑要除掉晋王。他诬告文妃勾结其姐夫和妹夫欲立晋王为帝，尊天祚为太上皇。天祚帝信以为真，立即诛杀耶律挞曷里及其妻，逼文妃自尽，以晋王未参与谋立阴谋而不加追究。

喜好金银器的辽朝人

耶律羽之墓位于内蒙古赤峰市，是辽初最具有代表性的墓葬之一，墓内重要的随葬品共有300多件，重要的有五瓣花形金杯、镏金花银把杯、金花银渣茶斗等，说明辽人喜好金银器，这件金花银万岁台砚盒制作精美，纹饰富丽，是不可多得的辽代文物。

044

历史文化百科

〔契丹后裔令何在?〕

建立了219年辽王朝的契丹民族,明朝以后突然在历史中蒸发了。为解开这个谜,1995年中国医学科学院和中国社会科学院开始了"分子考古学"的研究课题,利用DNA技术研究民族源流问题。研究者从已证实的出土契丹人头骨、牙齿和腕骨中提取DNA,再去云南保山地区取阿、莽、蒋姓"本人"和其他民族的血样,还去内蒙古取达斡尔、鄂温克、蒙古和汉族等人群的血样,从血样中提取DNA,然后经过DNA测序等一系列研究程序,结果发现:云南"本人"与达斡尔族有相似的父系起源,即有最近的遗传关系,可能为契丹人后裔,但作为结论尚需进一步证实。关于达斡尔族的族源一直有争论,有说源于契丹大贺氏者,有持独立发展论者;而十余万阿、莽、蒋姓的"本人"自称是契丹后裔,现分属十来个民族,也一直要求澄清其来历。蒙古连年征战,能征善战的契丹人被征召殆尽,后被分散至各地。

当时为辽南军都统的耶律余睹听到消息后,率军投奔女真,借来金兵,杀回辽京。天祚帝十分惊慌。萧奉先对他说:"余睹也是辽皇室苗裔,实无亡辽之心。他率兵攻辽,无非是想立晋王为帝。为了国家的命运,皇上还是不惜一子,杀了

再现皇帝豪华生活的墓葬

本品出土于内蒙古通辽市奈曼旗的辽陈国公主墓。陈国公主是辽萧太后的孙女,墓内合葬公主和驸马,墓内随葬有两套完整昂贵的殡葬服饰,包括各类金银珠宝饰品,是目前所见保存最完整、出土文物最丰富的契丹皇室墓葬。其中在公主和驸马的头部各放置一件镏金银冠,冠体以镂空银片组成,上级以各种银制花,整体镏金,华丽而精致。

晋王,让余睹希望成空,他自然也就不战而退了。"天祚帝以为言之有理,就令晋王自缢。有人劝晋王快逃,晋王对天叹道:"我怎能为了蕞尔之躯而违背父皇的意旨呢? 我不能做有失臣子之节的事。"言毕慨然就死。

天祚命夭

耶律余睹得知晋王自尽后,更为愤怒,加紧进攻,直逼天祚行宫。天祚被迫退入深山。金兵未至时,萧奉先曾宽慰皇帝,说金兵不会远离故土,深入辽境。如今落到这种地步,天祚方悟奉先误国。他对萧奉先说:"正是你们父子害得我国亡家破,现在就是杀了你们,又有什么用? 你们快离开吧! 免得军队哗变,祸及我身。"奉先父子大哭一场,只得离去。没走多远,被手下亲兵拘押起来,送往金营。金人杀了萧奉先的长子,把奉先和次子萧昱枷往金国。半途遇辽兵,萧奉先父子又被夺回,押送给天祚帝。天祚怕留下奉先引起兵变,令奉先父子自尽了事。

然而此时辽国的溃败已势所难免,1125年,天祚帝在山西应州被金兵包围。他自知难逃,干脆挺身向前,对金兵说:"我就是辽天祚帝!"金兵要用绳索捆他,天祚大声喝道:"放肆! 你们敢绑天子吗?"金将完颜娄室驱马来到天祚面前,翻身下马,跪地而揖,称:"奴婢不才,乃以甲胄冒犯天威。请陛下下马!"

天祚帝凄然一笑,下马。二百年前由辽太祖打下的基业就这样从马鞍上滚了下来。

公元 1038 年

〇〇八

不为王霸非英雄

英雄在世、应当称王称霸，锦衣玉食岂是男子汉的志向？

宋仁宗时，西夏崛起，1038年，党项族首领元昊正式称帝，国号大夏。

元昊真英雄

元昊少年时期便修文习武，胸怀大志。他平素喜穿白衣，戴黑冠，骑骏马，舞枪弄剑。他精通汉藏语言，爱读兵书，富有韬略。元昊对他父亲李德明的和宋政策颇为不满，多次规劝父亲不要臣服宋朝，德明说："我们党项族三十年来得以身着锦绮，此是宋朝的恩惠，怎可轻易反宋？"元昊道："英雄活在世上，应当称王称霸，穿上绫罗绸缎岂是男子汉的志向？"

驻守在陕西一带的宋朝名将曹玮听说元昊气宇非凡，很想一睹其风采，派人暗中偷画了元昊的画像，见其相貌堂堂，不由叹道："真英雄也！可惜将为我朝的心患。"果然，当李德明死后，宋仁宗派人到兴州向元昊封赐诏书时，他远远地站着，不肯下跪。宋使

《东丹王出行图》（局部）

再三催促，元昊才勉强跪拜受诏。但内心却愤愤不平，他对左右大臣说："先王大错，搞得国家受制于人！"于是他设宴招待宋使时，故意刁难，并在宴厅后屋，派人把兵器搞得铿锵作响，吓唬宋使。宋使知道元昊企图激怒宋朝，挑起事端，也就一再克制，不敢吱声。

侠士自荐

元昊意在独立，反宋只是早晚的事。为了知己知彼，他特别注意招揽由宋投奔过来的失意知识分子，其中最典型的要数张元和吴昊。

张元、吴昊本是汉人，二人原来的名字并无"元、昊"两字。张氏以侠士自许，经常夜游山林，口吹铁笛，绿林强盗知道他武艺非凡，对他敬而远之。有一次，听说县城里出现一条巨蟒，常在一座桥下饮水，以致行人惊恐。张只身来到桥上，看到大蟒正盘在河中一块大石上饮水，就搬来一块大石头，从桥上猛掷下去，砸死了大蛇，鲜血染红了河水。

张、吴二人虽满腹经纶，自命不凡，无奈科场失意，累举不第，自然是一肚子牢骚，经常放意诗酒。

西夏疆域图

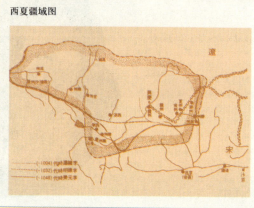

光亮莹润的温碗注子

此温碗注子1974年出土于河北省三河县，系辽代的白瓷精品。由瓷注子和温碗相配而成。瓷胎极薄，质洁白细腻。温碗曲线形的口沿和注子陡折的肩腹，展示着酒文化中直与曲、阳刚与阴柔的变奏，令人观之而回味无穷，堪为酒器之上品。

这时他们看到宋西北边防吃紧，元昊蠢蠢欲动，于是便来到宋边帅大营，欲毛遂自荐。他们将自己写的述志诗刻在大石头上，雇了几个壮夫拖着石头在大街上走，两人痛哭流涕尾随其后，期望引起人们的注意传报边帅。边帅召见他们后，并未表示要留用他们。张元、吴昊感到宋将态度十分冷淡，心想此地不留爷，自有留爷处。便不辞而别，干脆西奔投靠元昊。

辽《采芝图》

这件珍贵的绘画作品是1974年在著名的山西应县木塔中发现的，纵70厘米，横38.6厘米，现由山西应县文物保管所收藏。画的是一位仙人深山采药的情景，有的专家考证，这就是传说中的神农氏。人物造形极其生动，线条简洁，有明显的唐代风韵，似出自契丹族画工之手，为我们研究辽代人物画及当时社会情况，都提供了珍贵的第一手资料。

> **历史文化百科**

〔西夏僧人的地位〕

西夏僧人在法律上享有特权，僧人可以以官品抵罪。同时皇帝或政府给高僧封赐名号，以示荣显，最高的师号是"帝师"，这种封号体系对后世影响很大。

白釉提梁皮囊形壶

皮囊是游牧民族在马上所带的饮水器物，后来随着生活的稳定也就以瓷代皮，成为一种不可缺少的日用品，此壶1992年7月在内蒙古自治区赤峰市阿鲁科尔沁旗辽耶律羽之墓出土，胎质细白，釉色洁白而精莹。此壶为辽代早期墓葬品，壶身还保留着皮囊的特点，可见艺术真是来源于生活啊！

▶历史文化百科

〔夏主贵姓？〕

建立西夏的党项族，出自古老的羌族，迁至夏州的一部称为平夏部。唐末平夏部首领拓拔思恭率部参与镇压黄巢起义，因功封夏国公，接受唐赐姓，从此改姓李。宋初仍对其采取安抚政策，后其首领李继捧一度献出辖区，请求内附，宋太宗大喜，派兵前往接收。李继捧的族弟李继迁反对降附，带人逃出夏州，徐图恢复，并向辽称臣请婚，后攻下银州，辽册封李继迁为夏国王。宋太宗因用兵无效，派李继捧回镇夏州，任为定难军节度使，赐姓名赵保忠，同时任李继迁为银州观察使，赐姓名赵保吉，谁知哥俩合作，联辽抗宋，屡败宋军。到宋真宗时，李继迁子德明继位，夺回五州之地，同时接受宋辽的封号。李德明子元昊继位后，宣布恢复本民族旧俗，李唐赵宋的国姓都被他弃之一边，复姓嵬名，建立了大夏国，史称西夏。元昊子谅祚继位，史称毅宗，改行汉礼，拱化元年（1063）复李姓。

由皮囊壶发展而来的西夏褐釉剔刻花瓷扁壶（右页图）

此扁壶，腹部扁圆，正面为褐釉剔刻的两组牡丹花纹，背面有圆形圈足。此类扁瓷壶由皮囊壶发展而来，边缘附加的堆刺纹正表现了皮条缝制的痕迹，造型具有鲜明的北方民族文化特征。

醉翁之意不在酒

二人晓行夜宿，来到兴庆府（今宁夏银川市）地界，为了引起人们的注意，就在一家酒楼整日狂饮，并在酒楼的墙壁上题诗，用大字写上"张元、吴昊来饮此楼！"醉翁之意不在酒，目的就是要引起行人的注意。果然，巡逻的士兵将两人抓去，报告元昊。元昊亲自审问："你们来到我的地盘，难道不知避讳么？"张、吴齐声回答："姓都不要了，还顾得上名吗？"原来当时元昊尚未公开反宋，在对宋上表中仍用宋朝所赐的赵姓。二人这样说是故意刺激元昊。元昊闻言果然对二人刮目相看，连忙下堂解缚，询问国事。张、吴抵掌而谈，为元昊反宋推出一整套计划。元昊大喜，对张、吴加以重用，从此加快了入侵宋朝的步伐。

契丹人的食与"色"

辽代虽然是少数民族建立的政权，但汉化程度较深。从饮食场面来看，使用比较完整讲究的食具与家具，女性服饰也具有秀丽典雅的风格，几乎不见游牧民族所具有的那种粗犷豪放的影子。

世界大事记

神圣罗马帝国战胜波希米亚，使之成为帝国附庸。

由皮囊壶发展而来的西夏褐釉剔刻花瓷扁壶

西夏晚期经历过一次国家分裂的动荡，制造分裂的罪魁就是宋朝降将任得敬。

任得敬分国

大臣得志便猖狂，敢与皇帝分天下。

降将成政要

任得敬原为宋朝西安州（今宁夏海原县西）的通判。夏兵进攻宋境时，任得敬率兵降夏，得到西夏的重用。任得敬为了巩固其在西夏的地位，把女儿进献给乾顺帝为妃，并通过贿赂朝官，巴结权贵，使他的女儿得以立为皇后。夏仁宗初立时，任得敬多次领兵镇压契丹萧合达和哆讹等为首的党项起义，军事力量日益壮大，被封为西平公，以外戚而握重兵，成为权倾一时的军阀。

权力的增大难免导致野心的膨胀。1147年，任得敬上表

难得一见的西夏人众生相
这是一组表现西夏人社会组织的形象，有男女官员、道士和女刑吏等。他们的神情、服饰都富于变化而各具特征，神态方面像官员的严正、女官的端庄、道士的洒脱都表现得很好。尤其是女刑吏，手中的人头令人毛骨悚然，可见当时丰富多彩的历史现状。这个形象在历史存迹中殊为少见。

请求自西平入朝，企图进入西夏权力中枢，直接参预国政。御史大夫热辣公济等人向皇帝进谏道："从古外戚擅权，国无不乱。得敬虽为皇亲，毕竟是个汉人，非我族类，难保其没有二心。"濮王仁忠也反对得敬进京。仁宗听从了他们的意见，不准得敬入朝。

次年，濮王仁忠病故，任得敬以金珠贿赂晋王察哥。在察哥的举荐下，仁宗召得敬为尚书令。后继升为中书令。1156年，晋王察哥死。任得敬被擢升为国相。一人得道，鸡犬升天。从此任氏家族成员先后入朝，成为当朝权贵。得敬野心日炽，以其弟任得聪为

西夏武士复原图

公元1043年 〉〉

世界大事记 拜占庭帝国军人不满当局。曼尼阿基斯率师东返，欲进攻君士坦丁堡，但卒于中途。

夏仁宗 金世宗
李石 任得敬
虞允察文哥 篡权
《金史·西夏传》

人物 关键词 故事来源

极富表现力的庆华寺花塔

庆华寺花塔位于河北涞水县北洛平村北2.5公里的庆华寺山门正南。因塔刹雕饰较多，如花团锦簇，故名花塔，约建于辽金时代。塔身通高13米，为八角单层。四正面辟券洞，内设佛像，四斜面开直棂盲窗。塔檐上为八角形刹座，上托肥硕的圆锥形塔刹，表面用砖砌出八层共116个小佛龛，直到刹尖。每个小佛龛上均雕有3个寿桃，形成三角形。其艺术构思在于表现千佛涌现，极富特色。

殿前太尉；任得恭为兴庆府尹。又命族弟得仁为南院宣徽使，侄子任纯忠为枢密副都承旨。任氏家族把持了西夏王朝的军政要职。

得敬专横，朝臣侧目

羽翼丰满的任得敬进而胁迫仁宗封他为楚王，从此出入仪仗，几乎与皇帝不相上下。1165年，任得敬征发民夫十万，修筑灵州城，大兴土木，建造宫殿，其篡位的狼子野心已日益显露。任得敬的专横跋扈引起朝臣侧目，御史大夫热辣公济愤然上疏，斥责任得敬的胡作非为，请予罢斥。任得敬大怒，企图谋害热辣公济。朝中反对任氏的大臣和宗室无不遭到得敬的报复迫害。

1170年闰五月，任得敬公然向夏仁宗提出"分国"，要求仁宗分一半国土归他统治。因得敬握有军权，仁宗被迫将西南路和灵州、罗庞岭一带区域划归楚王。任得敬又胁迫夏主派遣使者奏报金国，为得敬请求册封。

金世宗询问朝臣意见，尚书李石等人说："这是西夏内政，我们不必干预，承认楚国，册封任得敬也未必不可。"金世宗大摇其头道："一国之主岂肯无故将国土分与他人，这一定是受到权臣威逼，非夏主本意。何况夏国向我称藩多年，如今受到贼臣的胁迫，我身为四海主，岂能坐视不管。如果西夏主不能自立，我当发兵帮助他镇压叛臣！"于是退回夏国的贡物，拒绝承认楚国。金世宗还给夏仁宗下诏，表示将遣使前往西夏调查事件真相。

身败名裂

任得敬遭到金朝的拒绝，便转而向宋献媚，企望附宋以自立。1170年8月，任得敬密通宋朝，宋四川宣抚使虞允文派密使以蜡丸书回信，相约夹攻金人。宋密使被夏国捕获。仁宗掌握了任得敬搞阴谋的证据，将蜡丸密信送达金国，同时设计先诱捕任得聪、任得仁等，进而将任得敬及其党羽全部诛杀。一场分裂阴谋以流产而告终，西夏政权终于转危为安。

> **历史文化百科**

〔敌女兵不祥〕

西夏军中有"麻魁"即女兵。党项族有"敌女兵不祥"的禁忌。党项各部或发生内部争斗，往往形成家族复仇。有的部族人单力寡，不能复仇，就招集壮妇，以牛羊肉与美酒好好招待她们，然后令其奔仇家焚烧其屋舍，而当地有"敌女兵不祥"的民俗，故仇家往往避开不与她们争锋。这与党项族的氏族外婚姻制有关。来复仇的女兵，已婚的是本氏族嫁出去的女儿，未婚的又是本氏族未来的媳妇，所以不能与她们作战。

蒙古灭夏

时而附蒙抗金，时而联金抗蒙；弱国无外交。

夏国自仁宗以后国势由盛转衰，于此同时，成吉思汗正崛起于蒙古草原。夏国时而附金抗蒙，时而降蒙侵金，最后还是被蒙古军的铁骑征服。

先拿西夏开刀

蒙古长期受到金朝的压迫，对金恨之入骨。成吉思汗早就准备与金国决一死战，但要进攻金国，他又担心受到称藩于金的西夏的牵掣，所以决定先拿西夏开刀。1205年，铁木真亲率铁骑南伐西夏，三月，蒙古军攻破西夏力吉里寨。四月，蒙古军经过西夏落思城，大肆抢掠。因恐天气太热，蒙古军退兵。夏桓宗下令修复各地遭破坏的城池，大赦境内，把都城兴庆府改名为中兴府。但

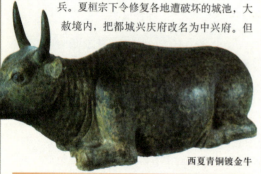

西夏青铜镀金牛

桓宗并没能中兴夏国。1206年镇夷郡王安全废黜桓宗，自立为帝，是为襄宗。

1207年秋，成吉思汗借口西夏不对他纳贡，又一次领兵兴师问罪，占领要地斡罗孩城。后因军粮匮乏，自动撤兵。1209年，成吉思汗再度进击西夏。蒙古军自黑水城北攻入夏境。夏襄宗以皇子承祯为主帅，大都督府令公高逸为副帅，率兵拒守。夏兵不堪一击，高逸被俘，不屈而死。蒙古军乘胜南进，直抵中兴府的外围要塞克夷门。蒙古军初战不利，后乘夏军懈弛，伏兵擒获夏军新帅嵬名令公，一直攻到中兴府城下，将夏都团团围住。

襄宗亲督将士坚守城池，蒙古军一时无法破城。时值九月，大雨滂沱，河水暴涨。蒙古军引黄河水灌城，淹死不少西夏兵民。襄宗向金朝求援。金帝对左右说："敌人相攻，我乐得坐山观虎斗。"拒不出兵。

北宋、辽、西夏的主要战场

辽
大定府
高粱河
瓦桥关　岐沟关
西　夏
兴庆府
雁门　满城
好水川
澶州
开封府
北　宋
长江

● 都城
✕ 宋与西夏的战场
✕ 宋与辽的战场

历史文化百科

〔状元皇帝〕

历代状元中，只有一人当上了皇帝。他名叫李遵顼，为西夏天庆十年（1203）癸亥科状元。李遵顼原为宗室齐王李彦宗之子，年少力学，博通群书。中状元后，又袭封齐王，擢升大都督。皇建二年（1211），他发动宫廷政变，废襄宗自立，改元光定，后史称神宗。这位状元皇帝实占尽天下所有幸运，有权有势又聪明博学，可惜国运不济，在宋蒙金的夹缝中艰难求生，国势日蹙，后传位于子，自称上皇，在位十三年。

公元1048年 公元 1048 年

世界大事记 意大利教皇李奥九世企图严厉实行教士独身制，但在米兰遭到激烈的反对。

夏桓宗
成吉思汗　夏襄宗
夏献宗　夏神宗

《西夏纪》卷二十八
亡国

人物　关键词　故事来源

久经考验的西夏拜寺口双塔

在银川市西北约50公里处的贺兰山东麓的拜寺口内，坐落着一对古塔，仿佛一对孪生兄弟守卫在山口两旁，显得格外挺拔。双塔建在沟口北边一座西夏寺院遗址的台地上，经C-14测定双塔朽木，考证为是西夏中晚期所建。双塔同为十三层八角密檐式空心砖塔，平地直起，下设基座，每层叠涩出檐，壁面影塑彩绘。双塔底层较高，南面设券门可入塔内。刹顶作十三天。西塔高41米，呈梭形，每层八面设龛。东塔通高39米，呈直线锥形。每层底部叠涩出平座，下设龛。明清时期，双塔附近的建筑因地震均被震毁，只有双塔仍傲然挺立于崇山峻岭之中。

十二月，大河决堤，城墙被水浸蚀，岌岌可危。河水四溢，蒙古军也为水所淹，成吉思汗只得下令撤围。同时派西夏战俘入城招降。襄宗将女儿献给成吉思汗求和，蒙古军这才退兵。

日暮途穷

1211年，西夏再度发生政变，皇室齐王遵顼废襄宗，继立为帝，是为神宗。神宗采取附蒙侵金的对外政策，多次跟随蒙古进攻金国，但并没能因此而摆脱自身的困境。1217年，成吉思汗第四次进攻西夏，神宗仓惶出逃。后来只得将帝位传给次子德旺。献宗德旺转而采取联金抗蒙的战略。1226年春，成吉思汗亲领大军入侵西夏，西夏军民虽奋力抗战，到底难敌

西夏陵石刻（左图）

西夏石刻题材丰富多样。有碑刻、石像生、经幢等纪念性质的；有碑座、石马、栏柱等附、随葬性质的；有柱础、螭首、小兽等作为建筑材料的，各种题材所需不同，雕造工艺也就不同，既有线雕、浮雕，也有圆雕。原列置于月城的石像生（群），虽然早年被砸毁严重，但是，从仅存的部分残件——石像生头、肩、腹部及手掌等残块，仍可以看出雕刻手法十分写实，同时人物精神状态的刻画也很细致入微。例如文臣头像，脸颊丰腴，八字胡须，高鼻深目，神态自若，人物刻画得栩栩如生，可谓西夏石雕人像的代表作品。从石像生腹残块看，文臣腹下有飘带，武将腰侧挂刀剑，参之唐宋石雕，不难想象这些拱手持笏或双手按箭的文武侍臣们，端正直立，恭谨待命的神态。

西夏王陵遗址

西夏王陵又称西夏陵、西夏帝陵，有"东方金字塔"之称，位于银川市西郊贺兰山东麓，距市区大约35公里，是西夏历代帝王陵墓所在地。陵区南北长10公里，东西宽4公里，里边分布着九座帝王陵和一百四十多座王公大臣的殉葬墓，占地近50平方公里。整个陵区规模宏伟，布局严整。每座帝陵都是独立完整的建筑群体，坐北向南，呈纵长方形，规模同明十三陵相当。西夏王陵受到佛教建筑的影响，是汉族文化、佛教文化、党项民族文化的有机结合体，构成了我国陵园建筑中别具一格的形式。可惜陵区在明代以前就遭损毁，现在只留下遗址。

现存最大最完美的西夏文碑

重修护国寺感应塔碑又名西夏碑、感通塔碑、天祐民安之碑，现藏甘肃武威市文殿内。西夏天祐民安三年(1092) 冬，凉州大地震，护国寺塔倾斜，诏命修复，未及动工，塔又恢复原状。西夏王朝认为宝塔屡有"感应"，便重修一新，竣工后立此碑。碑阳为西夏文，碑阴为汉文，是我国现存最大最完美的西夏文碑。

辽代宝山 1 号墓壁画——寄锦图

长270厘米、宽190厘米，内蒙古赤峰市阿鲁科尔沁旗契丹大贵族家族墓1号墓出土。墓主人为汉族闰秀。壁画具有典型的唐末至五代汉式画风。

蒙古铁骑。蒙军攻城略地，长驱直入。献宗惊恐而死，侄儿南平王睍被拥立继位，此时的西夏已危在旦夕。

1226年十一月，成吉思汗率兵包围灵州，夏将奋勇抵抗，战斗空前惨烈，灵州被蒙古军攻克。1227年春，中兴府再度被围，外援断绝，城中粮尽，丞相高良惠病死，地震又将宫室震坏，帝睍走投无路只得向成吉思汗请降。此时成吉思汗已重病在身，他允许帝睍一月后献城。七月，成吉思汗病死于行宫。夏主睍入蒙古军营晋谒，蒙将按成吉思汗的遗嘱将夏主杀死。然后进占中兴府，肆意杀掠，立国一百九十年的西夏王国就此灭亡。

屋尔芬顿昊　　元昊
邓少琴尔　　巴卜尔　　民族

李范文《试论西夏党项族的来源与变迁》

人物　关键词　故事来源

西夏王国之谜

西夏灭亡后这个民族上哪儿去了?

西夏国神秘消失

西夏是我国北宋时期以党项族为主体建立起来的国家，它的统治区域包括今天的宁夏、陕西、甘肃、青海和内蒙古等各一部分地区。史称"夏国"、"河西"、"唐兀"、"木雅"、"大夏"、"大白上国"和"白上大夏国"等。西夏是一个多民族居住的地区，有汉族、党项、鲜卑、吐蕃、回鹘、突厥、鞑靼、女真等族。

西夏开国皇帝李元昊自称是北魏后裔，但人们早已指出这是他企图为先世伪造历史。有的学者认为元昊的先世出自鲜卑拓跋氏，也有人认为应出自党项拓跋氏。人们更关心的是西夏灭亡后这个民族上哪儿去了?

党项是羌族的一支，西夏灭亡后，西夏国以及它的文化渐渐为历史所湮没，但并没有也不可能如某些人所言，一夜间便神秘地消失了。

有迹可寻

史学家根据有关文献认为，党项族的去向还是有迹可寻的。党项族的统治阶级中一部分人向元朝投降，被列为"色目人"，有些得到重用。在元朝的宿卫诸军中，

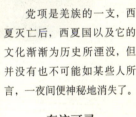

富有唐韵的《西夏王妃供养图》
西夏时，党项族统治者与回鹘人同信佛教，交往频繁。当时沙州(敦煌)虽在西夏政权统治之下，但回鹘人到莫高窟造奉佛像并绘制他们的供养像，亦是自然的事。这幅壁画中所绘的两个回鹘贵族妇女，体态丰腴，头顶高冠，手持瑞花，有唐朝风韵。

西夏佛头

1990年在宁夏回族自治区贺兰县宏佛塔里发现了这件珍贵的佛头，高29.5厘米，现藏于贺兰县文化局。此佛头为陶制，螺髻，方颐，隆眉细目，眼珠为黑色釉料圆球镶嵌，十分具有神采。特别有意思的是在厚厚的上唇上绘有八字胡须，并在下颏处绘日月云纹为须，从某种意义上说，具有西北民族的特色。可惜的是佛身不见，仅存此头，从神态上看，还是具有唐代的遗韵。西夏佛教兴盛，但佛像遗留甚少，此像也就弥足珍贵，被人们视之为宝了。

就有西夏人组成的河西军三千人。也有一部分西夏人投降了金朝，后渐渐与汉族同化。

河北保定城北韩庄出土的西夏文"胜相幢"，建于明弘治十五年（1502），两幢所记人名中有不少党项人的姓氏，这证明西夏灭亡后，有一部分人东迁了。其实当时在西夏故地还留居着不少党项人，元成宗铁穆耳曾下令印发数以千卷计的西夏文大藏经，在宁夏、武威等地施发，可见这些地区西夏遗民之多。

随着历史的演变，大多数西夏人已融入汉族，至今，在宁夏、甘肃等地已找不到讲西夏语的人。今天到底还有没有西夏遗民呢？ 在四川康定木雅地区的居民一直受到人们的关注。早在1882年，英国人巴卜尔在《中国西部旅行及考察》中对鸭龙江流域的"弭药"

西夏女子供养图壁画：甘肃安西榆林窟第29窟

〉历史文化百科〈

〔东方金字塔〕

　　西夏王陵位于贺兰山中段东麓，距宁夏银川市城区（西夏都城兴庆府）35公里。陵区东西宽4.5公里，南北长10公里，内有9座帝陵、253座陪葬墓。该陵始建于公元1038年，蒙古军因在灭西夏时付出惨重代价，对西夏陵进行了疯狂而野蛮的破坏，随后，西夏陵又多次遭受盗掘洗劫，残存的遗迹长年累月受到风雨剥蚀、山洪冲刷，损坏严重。虽然如此，陵园依然显得宏伟壮观、气度不凡。陵园由陵台、献殿、月城、陵城、内城神墙、东西碑亭、两座门阙陵台及四座角台组成。园内最醒目的建筑，是一座残高23米的夯土堆，状如窝头、状八角七级，上有层层残瓦堆砌，故有"东方金字塔"之称。关于这座塔式灵台的功能，学术界的说法至少有四种，各执一端，据理论争了十多年不见分晓。还有陵区出土的八九座石像碑座，獠牙外露，怒目圆睁，双乳丰腴作跪状，有人说是碑座，有人说是祭床，至今没有定论，依然蒙着一层神秘的面纱。西夏王陵保护性考古发掘工作备受海内外关注。

▶历史文化百科◀

〔西夏石刻文献西夏碑〕

在甘肃武威市博物馆中收藏着一件古代碑刻珍品，名为重修护国寺感应塔碑，俗称西夏碑。此碑立于1094年，碑高2.5米，宽近1米，两面刻文，一面刻西夏文，另一面刻有汉文。两面文字不是互译的，所述内容大体相同，记载凉州城内护国寺佛塔于1092年地震时倾斜，西夏皇帝下诏重修之事，是现存最完整、内容最丰富的西夏石刻。西夏碑原来封闭在武威城内清应寺的砖砌碑亭内，清代学者张澍发现此碑，时人无法辨识西夏文，故称为"天书"。西夏文是我国古代西夏党项羌族使用的文字，1898年法国人德维亚首次考订西夏碑正文为西夏文。1932年中国学者罗福成将西夏碑文译为汉文。西夏碑上近2000字的西夏文是研究西夏语言文字极其难得的石刻文献，为研究西夏的历史、社会经济、土地制度、纪年和官制以及当时的佛教等提供了珍贵的资料。

语进行了调查。1931年英国人屋尔芬顿发表论文，认为四川的西藏方言嘉戎语就是西夏语。后来美国人、德国人、法国人都对木雅地区作过有关调查。

1944年，四川大学教授邓少琴两度深入木雅地区调查，写出《西康木雅乡西吴王考》一书。他认为西夏灭亡后一部分遗民南徙至木雅，在深山溪谷中建立了小邦。居住在木雅的非原始居民，而是这些西夏遗民的后裔。此外，在甘肃南部迭结地区，至今还居住着一个具有独特语言和风俗习惯的民族，疑是西夏遗民，但并无确证。

西夏褐釉剔刻花瓶

这件通高39.5厘米的花瓶1986年出土于内蒙古自治区伊克昭盟伊金霍洛旗红庆乡，现存于鄂尔多斯博物馆。此物花纹不是描绘而成，全凭巧匠剔刻而出，我们可以看出有怒发的花朵，还有依势而就的折枝叶片，既使瓶身布满花纹，又留下合理的空白，二者搭配自然生动，毫无拘谨之嫌，并用波涛纹分成对称的两部分，无论正背均可欣赏到精美的图案，底部还有鹿纹，可惜我们要看怒放的花朵，就看不到鹿的头部，真让人按捺不住，要去转动一下这精美的花瓶。

神秘的西夏文字

乍视，字皆可识，熟视，无一字可识。

在北京居庸关的过街塔洞壁中有一块六体文字（汉文、藏文、梵文、八思巴蒙文、回鹘文、西夏文）碑，上面有种文字，乍一看，极像汉字，可仔细一瞧，却如天书，一个字也认不出来。它是象形文字，但结构复杂，笔画繁冗，大多在十画以上，它的撇、捺较多，而像宀、口、田、辶等构件基本没有。它笔画平直，由上至下、由右至左书写，主要采用会意造字，也有部首、楷体行体等。可见那是一种受汉文字影响，又与汉字不同的独特文字，那就是神秘的西夏文。

西夏文写本药方残页

党项人生病不用医药，只求之于神鬼，"病者不用医药，召巫者送鬼"，或迁他室，谓之"闪病"。后来随着汉医和藏医的逐渐传入，西夏开始以医药治病，并利用自己的地理条件大量开发和利用中药材。图为甘肃武威发现的西夏文写本药方残页，内容是治疗伤寒病的药方，内列药名有牛膝、椒、术米等，其煎法、服法也与传统中医一致。

元昊自制蕃书

西夏文即是西夏王朝所特有的文字。西夏开国皇帝元昊不仅武艺高强，还通晓佛经和蕃汉文字。在西夏立国前一年（1036），元昊令大臣野利仁荣仿照汉字创制西夏文字。《宋史·夏国传上》说："元昊自制蕃书，命野利仁荣演绎之，成十二卷。字形体方整类八分，而画颇重复。"但北宋的沈括却在《梦溪笔谈》中记载："元昊果叛，其徒遇乞先创造蕃书，独居一

西夏文字典：《文海》书影

《文海》是以韵分类的西夏文字典，著者不详，约在12世纪中叶成书。该书的编排和注释都取法于《说文解字》和《广韵》，为研究西夏语言、文字和文化历史提供了宝贵的资料。此书残本现藏俄罗斯。

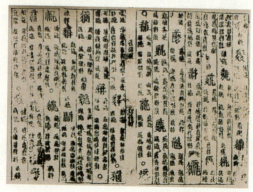

西夏文木活字版印佛经

和辽代一样，由于佛教的盛行，佛经印刷量剧增，从而在客观上大大推动了活字印刷的发展。图为西夏时期的西夏文木活字版印佛经。

楼上，累年方成。"西夏文究竟由谁首创呢？现代有的学者认为很可能遇乞创造番书在先，元昊以统治者的身份提倡于后，并自制若干原则，由"多常识，谙典故"的野利仁荣将民间流传的西夏文字加以系统规范，借政府的力量使之成为一种共同遵行的文字——"国书"。

"以武立国"的元昊也很重视文治，他下令设立夏字院和汉字院。任命野利仁荣主持夏字院。西夏文被尊为国字，凡国中艺文诰牒，均用新制夏字，记事及翻译佛经也用夏字。汉字用作与宋朝往来表奏，中

书汉字，旁以夏书并列，有关西蕃、回鹘、张掖、交河的文书，都用西夏文，以各族蕃字副之。由于政府的大力推行和提倡，西夏文在当地一度迅速流行，无论朝野，都成为一种通行的文字。

死去的文字

1227年，西夏王国灭亡后，西夏文仍流行于西北地区，被称为"河西字"，因为蒙古人称西夏为河西。元成宗大德二年（1298）在宣化印刷过西夏文的《法华经》。居庸关六体文字碑完成于元顺帝至正五年（1345）。到了明代也还有西夏文刻印的佛经。1962年，在河北保定韩庄出土了明孝宗弘治十五年（1502）建立的西夏文经幢两座，它证明了在西夏亡国270多年后，夏人的后裔仍在使用着自己的文字。

近代发现了晚至明代的西夏文碑刻，但到清朝便基本无人能识读西夏文了，成了死文字。1870年，英国学者韦利亚曾把居庸关六体文字碑上的西夏文误认为金女真小字。1898年，法国人戴吾利亚和沙畹认定居庸关六体文字碑上的字为西夏文而非女真小字。

西夏重要史料《番汉合时掌中珠》书影

《番汉合时掌中珠》为西夏党项人骨勒茂才编撰于西夏乾祐二十一年（1190），是一本西夏文和汉文双解通俗语汇书。木刻本，蝴蝶装，共37页，原书现藏俄罗斯。从序言看，该书的编纂目的是为了便于番（党项）、汉人民学习对方语言。全书以事门分为天体、天相、地相等九类，每一词语都并列四项，中间两项分别是西夏文和汉译文，右边靠西夏文的汉字为西夏文注音，左边靠汉译文的西夏文为汉字注音。此书是研究西夏语言、文字、社会历史的重要资料。

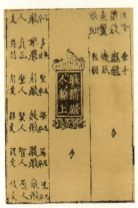

道教画《玄武像》（西夏佚名绘）

此画出土于内蒙古的西夏古都黑城遗址中。玄武又称玄武大帝，为道教中的神仙。图中的玄武身穿黑袍，赤足坐在岩石之上，手持长剑，其左下方是象征其身份的玄武——龟和蛇。玄武身后左边的云中有一个武士和一个仕女，右边则是两个部从。身前方有一跪着的小卒，似在报告情况。此图是黑水城出土的唯一一幅道教画。

撩开神秘的面纱

　　清末以来，西方冒险家纷纷到我国边疆掠取文物，1908年俄国的科兹洛夫在西夏黑水城遗址（今内蒙古额济纳旗东北）发掘出大量文献资料。

　　科兹洛夫为一名俄军少校，是皇家地理学会会员。1884－1926年间，他先后六次到我国西部地区

探险发掘，1907年、1909年先后两次在西夏黑水城遗址发掘，第一次主要获得许多伊斯兰教手稿。第二次在城外废寺的古塔中大有斩获。当揭开塔顶时，看见"塔中塞满了宝物，发现数以千计的书籍整整齐齐地放在架上，皆以丝织物作封面，数量超过两千册"，这些书不仅有西夏文刊本抄本，包括西夏文佛经及这类世俗文书，还有藏文、汉文、回鹘文、突厥文、波斯文、女真文、蒙古文等书籍。塔底部密室正中有一木柱，柱外围绕二十多尊真人大小泥塑，还有图画雕刻、铁铜器、木器与纺织品等。因黑水城离都城兴庆府很远，以后又变成了沙漠，故能保存文书。这些文书今天仍保存在俄罗斯科学院东方研究所圣彼得堡分所中，器物藏在俄国立爱立塔什博物馆。

　　其后，发掘过敦煌的法国的伯希和英国的斯坦因闻讯而来，也获得大量西夏文物。斯坦因在黑水城发掘八天，获大批西夏文书及俄人未带走的壁画。文

▶历史文化百科◀

〔黑水城之劫〕

　　元昊在创立西夏之前，就颁行一种新文字，称为"国书"。西夏文是根据汉字创造的方块字，现发现六千多个字。元昊曾强行推行西夏字，但由于字形过于繁复，故一直是汉、夏文广泛并行，但夏亡后仍在西北地区行用，近代发现了晚至明代的西夏文碑刻，但至清代便无人认识了。清末以来，西方冒险家纷纷到我国边疆掠取文物，1910年俄国的科兹洛夫在西夏黑水城遗址（今内蒙古额济纳旗东北）发掘出大量文献资料，其后法国的伯希和英国的斯坦因闻讯而来，也获得大量西夏文物。故包括《番汉合时掌中珠》、《音同》等字书、辞典在内的大量西夏文典籍长期沉睡于俄罗斯科学院中，不肯公之于世，另有不少散见于西欧各国，我国学者很难看到。1999年，中俄合编的《俄藏黑水城文献》由上海古籍出版社影印出版。由于这些字书的出土，使解读西夏文成为可能。

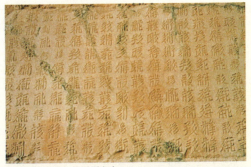

刻在居庸云台上的西夏文字

居庸关位于今北京市北面的军都山峡谷——关沟中部，是元代遗存。云台用大理石建造，上面雕刻有精美的佛像和图案，门洞内用六种文字刻的经文极为珍贵。这六种文字分别为梵文、八思巴蒙古文、藏文、维吾尔文、西夏文和汉文。在这当中，西夏文是非常少见的文字。六种文字刻在一起，表明从元大都开始，北京多民族文化交流达到了空前的水平。

西夏文敕牌（上图）、西夏文黑釉刻字瓷瓶（右下图）

公元11世纪西夏主元昊称帝，并于广运元年（1036）颁布西夏文，命野利仁荣加以演绎。其间西夏文和汉文并用。西夏灭亡后，党项后裔仍有人使用。图为刻有西夏文的西夏敕牌和黑卤瓷瓶。

献现藏英国博物馆。后来，美国的探险家也想分一杯羹，再入黑水城遗址，但所获不多。

在这些出土的西夏文献中包括《番汉合时掌中珠》、《音同》等字书、辞典。由于这些字书的出土，使解读西夏文成为可能。西夏文化实际上很接近汉文明，黑水城文献中就有不少译自汉文的经典，如《礼记》、《孝经》和《贞观政要》等。

1914年，我国学者罗福成、罗福苌从俄国学者手中购得《掌中珠》，开始研究西夏文字，撰成《西夏译莲华经考》和《西夏国书略说》。

长期以来，俄罗斯将所藏西夏文献秘而不宣，我国老一辈学者主要利用一些零碎的资料对译经文，诠释文意，作出了重要贡献。王静如先生的《西夏研究》中的很大篇幅就是译释北京图书馆的西夏文佛经。此书获得法国科学院的汉学最高奖"儒莲奖"。当代西

夏文研究者李范文花了二十余年工夫编纂成一部《夏汉字典》，为解读这种神秘的文字提供了一把钥匙。

20世纪30年代，苏联学者聂斯克教授透露黑水城文献中有一部十分珍贵的西夏律令，但中国学者无缘一睹。1989年，苏联学者克恰诺夫教授才将律令的西夏文影印本刊出。1994年中国社会科学院民族研究所史金波、聂鸿音、白滨将它译为汉文，题《西夏天盛律令译注》。1999年，上海古籍出版社出版影印本《俄藏黑水城文献》十一卷，由俄罗斯科学院东方研究所圣彼得堡分所与中国社会科学院民族研究所合编。中国学者终于可以看到本来就属于我们的西夏文献。

随着中外专家学者的不懈努力，"死文字"渐渐苏醒过来，相信通过对西夏文的解读，人们终将揭开西夏古国的神秘面纱。

《金史·始祖函普纪》

函普　盟誓
人物　关键词　故事来源

公元1115年

中国大事记　收国元年，正月，阿骨打（金太祖）称帝，国号大金，建元收国。九月，金兵攻克辽黄龙府。

○一三

函普解怨

白山黑水，英雄辈出。

白山黑水

金是由女真族建立的王朝。女真族是我国历史上一个重要的成员，它的起源可以上溯到周秦时，其名称曾多次改变，到五代十国时始称女真。契丹人建立辽后，女真从属于辽。为了加强统治，辽将女真一分为二。编入辽籍者，称为熟女真。未入辽籍者，称为生女真。生女真对辽朝纳贡，他们由部落酋长带领，活跃于白山黑水（长白山、黑龙江）一带。

化干戈为玉帛

完颜部是女真族中最为强大的部落。相传金的始祖叫函普，来自高丽，他们有兄弟三人，弟弟还要往前走，哥哥函普不肯跟他们走，说："我们的子孙将来必有重逢之日，大家好自为之。"函普年已六十，便投奔了完颜部。当时部落之间经常相互残杀，有一次完颜部的人又杀了邻属的人，从此两个部族你杀我，我杀你，没完没了地争斗，仇越结越深。完颜部的人对函普说："你如能为两个部落调和，使两族不再无休止地相互残杀，我们就把部落里一个贤惠的老姑娘嫁给你，这样你就正式成了部落中的一员。"函普一口答应。

他来到对方的部落，说："因为杀一个人而结仇，世代互相残杀，对大家都有损无益。不如诛杀挑起事端的首犯，完颜部再给你们一定的物质补偿，从此双方友好往来，互惠互利。"对方同意了他的条件。双方约定："今后凡有杀伤人的，必须从他家取一个人、十匹马、十头母牛、六两黄金作为赔偿，不准私斗。"

事情解决后，完颜部赏了函普一头青牛，把老姑娘也嫁给他。老姑娘生了两个儿子和一个女儿。函普的子孙后来成了完颜部的首领，一直传到完颜阿骨打创立金国。

金朝最早铸造的货币

金代铜钱钱文基本上不用女真文，多用楷书汉字，绝大部分是年号钱。金朝建国后，最初没有铸钱，仍然使用前朝的货币。到正隆三年（1158）始置监铸钱。正隆元宝是金朝最早铸造的铜钱。

历史文化百科

〔金代军事编制：猛安、谋克制〕

猛安、谋克女真语原为部落军事首领和氏族长之意，后成为军事编制单位，人户平时从事农业生产，并参加军事训练，战时则丁壮自备武器出征，家属仍留后方生产。起初所辖人数并无定制，金建国前一年（1114），金太祖始定三百户为一谋克，十谋克为一猛安，以统领女真士兵及民户。金初，曾将受降的外族人口也编入猛安谋克，后停止了这种做法。金熙宗以后，朝廷令东北地区的猛安谋克迁入内地，他们筑寨于村落之间，以小团体分散各地，计户授以官田，但其户籍不属当地州县。这些猛安谋克户号称屯田，实际是女真世袭职业军户，然而随着时间的推移，他们多出租田地，坐食地租，未提高生产技能，作战能力却逐渐衰弱。

金代铜虎符

虎符是我国古代帝王授予臣属兵权后调动军队的凭信物，多以青铜铸造，因其状呈虎形，故称"虎符"，也称"兵符"。图为黑龙江阿城出土的金代铜虎符。

〇一四

金世祖胆略过人
临危不惧,料事如神。

金世祖劾里钵是开国皇帝阿骨打的生父。世祖有勇有谋,在继承父位、当上辽节度使后,他首先平定了部落内部的纷争,为阿骨打平辽建金创下了基业。

世祖能忍

世祖刚当节度使时,他的叔父跋黑心怀不满,企图取而代之。世祖削了他的兵权,只让他做一个部落的首领。跋黑就暗中勾结乌春等其他部落的首领,准备谋反。他们还鼓动世祖的属下不要听从世祖的指挥。世祖的处境十分孤立,他表面上对跋黑等人好言相慰,同时招兵买马加强自己的力量。

世祖曾向加古部的锻工买了九十副铠甲。乌春得知后,派人前来责备世祖说:"加古部属于我的领地,你怎么可以取我的铠甲,应该全部还我。除非把你叔叔的两个儿子交给我作为人质。"世祖只好把铠甲退还给他。为了安抚乌春,世祖想和他通婚。乌春傲慢地说:"狗和猪同处怎么可能生育,我才不和你家结亲呢。"对这样的奇耻大辱,世祖也隐忍不发。不久,部落中流言四起,有人说:"要想

活命,就去投靠跋黑。想要死,就去依附劾里钵。"世祖知道后,十分疑惑,吃不准人心向背究竟如何。于是他打点行装,佯装远行,暗中派人四处扬言"敌寇来啦",部下不知虚实,慌乱中有的去保护跋黑,有的来保护世祖的亲人。这一来他对手下人忠诚与否就一清二楚了。

世祖敢杀

不久,乌春等人起兵造反。世祖率兵迎敌,但又恐怕跋黑与他们里应外合,正巧跋黑在小老婆家吃肉,被骨头鲠死了。世祖流着眼泪为叔父举行葬礼,内心却十分高兴。虽然没了后顾之忧,但叛军势力强大,两军对阵,世祖旗下的军吏还未交战,就已吓得双腿发抖,面无人色。世祖神色如常,也不责怪部下胆怯。他命令部下先脱下铠甲,洗个脸,喝点小米粥,放松一下。他悄悄地对五

宋金文化的频繁交流
黑龙江阿城出土的铜镜镜背饰有一大树,枝叶向两边延伸,树下站一对青年男女,双手合十拱手示意,脚下花草丛生,河水滚滚,河边一侍女牵马。这个画面取材于唐朝李朝威的小说《柳毅传》,说明当时两地文化交流频繁。

具有定窑产品特征的金代白瓷食具

这几件小型白瓷食具于北京海淀区南辛庄二号墓出土。它们具有一致的釉色和造型风格，都是白胎而薄，釉层光洁而有泪痕，釉色温润而白中闪黄。其中碗的口部做成六曲花瓣口，口沿露胎无釉，圈足，盒素而无饰，为子母口相扣，罐腹部圆鼓，口上有下凹的小盖。所有这些特征，都是宋金时期的定窑产品所特有的。

弟说："今日此战，如胜则已。万一失败，我必死无疑。你骑马在远处观战，不要参战。如果我死了，你不要为我收尸，也不要管我的妻儿老少，快点驰马奔告四弟，叫他向辽借兵复仇。"然后，世祖不穿铠甲，半

素中有奇的青瓷壶

此壶据说出土于辽宁朝阳市。小口外侈，溜肩圆腹，下腹内收，矮圈足，整个器体似橄榄状。灰褐胎，下腹及圈足无釉露胎，上腹及口部皆施青釉，釉层较薄，隐约能看出胎底。上腹部题等距四字"平素有酒"款识。辽宁朝阳地区是金女真族的老家，在瓷器制作上具有明显的地方特色，造型古朴大方，刻花粗放或光素无纹，瓶、罐等器多安系钮。

裸着身子，扬旗鸣鼓，向众将士大呼一声，提着宝剑率先冲向敌阵。众将士奋勇向前，杀声震天动地，敌人溃不成军，丢盔弃甲狼狈逃窜。战后，世祖环视战

绝无仅有的女真文献《女真译语》书影

金代用女真文写的著作和译作早已失传，现在流传下来的文献只有明朝永乐五年（1407）四夷馆中女真馆编辑的《女真译语》。其内容分"杂字"和"来文"两个部分："杂字"专辑词汇，包括女真字、汉义及汉字注音；"来文"是移录当时东北各卫、所女真官吏向明朝进贡的表文，以女真语汇依汉文法堆砌而成，显为明四夷馆人代拟。

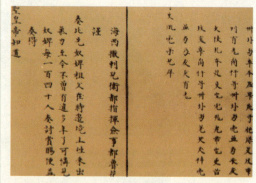

▷历史文化百科◁

［女真文字］

和契丹文一样，女真文也分大小字。女真人初用契丹文字，随着金的崛起，创造自己的文字成为急需。金太祖将任务交给了完颜希尹和叶鲁，他们参考汉字、契丹字创造了能记录女真语的新字，于天辅三年（1119）颁行，史称女真大字。金熙宗天眷元年（1138）又颁布了一套笔画更为简省的新字，史称女真小字。现存有关女真字的材料有文献、金石、墨迹三类：文献主要有明朝四裔馆编的《女真译语》，有女真字、汉文注音及译义；金石至今发现八处碑刻、摩崖；墨迹也十分珍稀。但迄今所发现的资料仅见一种女真文，它究竟是大字还是小字，学者意见不一。自清末以来，我国学者便开始研究女真字，近一百年来，这个历史之谜更吸引不少外国学者为此皓首穷究。

辽、西夏、金、元都城古今地名对照表

	时间	古名	今地
辽	918-1120 年	上京	内蒙古自治区波罗城
	929-938 年	南京	辽宁省辽阳
	938-1122 年	南京	北京
	938-1118 年	东京	辽宁省辽阳
	1006-1121 年	中京	内蒙古自治区宁城
	1044-1122 年	西京	山西省大同
西夏	12 世纪初期改名	兴庆府	宁夏回族自治区银川
	改名时间不详	中兴府	宁夏回族自治区银川
金	11 世纪前 -1115 年	上京	黑龙江省阿城
	1119-1138 年	上京	临潢（内蒙古自治区巴林左旗）
	1138-1153 年	上京	黑龙江省阿城
	1173-1215 年	上京	黑龙江省阿城
	1138-1150 年	北京	临潢（内蒙古自治区巴林左旗）
	1153-1215 年	北京	内蒙古自治区宁城
	1120-1153 年	中都	内蒙古自治区宁城
	1153-1215 年	中都	北京
	1215-1233 年	中都	河南省洛阳
	1122-1153 年	南京	北京
	1153-1232 年	南京	河南省开封
	1132-1153 年	南京	辽宁省辽阳
	1117-1132 年	东京	辽宁省辽阳
	1153-1212 年	东京	辽宁省辽阳
	1122-1212 年	西京	山西省大同
元		哈剌和林	蒙古国
	1256-1264 年	开平	内蒙古自治区多伦
	1264-1370 年	上京	内蒙古自治区多伦
	1267-1368 年	大都	北京

场，只见成片的草地被踩成了大路，尸横遍野，鲜血把河水都染成了红色。这一战，世祖手刃敌方九个大将，将士们无不发出由衷的赞叹，叛军从此一蹶不振。

有一次在审讯战俘时，突然从人群中蹿出一人，那人腰佩长刀，冲到世祖面前说："不要杀我。"世祖左右的人吓得慌忙逃匿。世祖脸不改色，拉着那人的手说："我不会杀你。"然后大声斥责刚才逃避的部下说："你们怎么不懂规矩，快过来受罚！"等到众人靠近，世祖使了个眼色，那些人一拥而上，把执长刀的战俘按倒在地，当场勒死。

世祖会算

世祖病重临死前，他的妻子在一旁不停地哭泣，世祖说："别哭了，你一年后就会跟我来。"弟弟肃宗来看他，世祖说："你最多再活三年。"肃宗走到外面对人叹息道："我哥哥到这种时候，也不对我讲句好听的。"世祖在安排后事时说："我的大儿子太柔弱，要对付契丹，只有依靠阿骨打。"世祖死后一年，他的妻子果然也死了。又过了一年，肃宗也得了重病，肃宗临死前长叹一声："我哥哥真是料事如神呀！"

○一五

天辅四年，金、辽和议不成，金太祖阿骨打发兵攻辽，五月，攻克上京，辽天祚帝逃往西京。

阿骨打反辽

"辽以镔铁为国号，象征辽国坚硬如铁。铁虽坚硬，最终难免朽烂。唯有金不变不坏。"于是阿骨打立国号为金。

完颜阿骨打果然没有辜负父亲世祖的期望，完成了平辽建国的大业。

头鱼宴

根据辽的旧制，辽帝每年初要到今松花江、嫩江一带凿冰钓鱼，纵鹰行猎。头鱼由辽帝亲自钓取，然后举行宴会，称为"头鱼宴"。

辽天庆二年（1112）天祚帝在松花江钓到一条大鱼，便与群臣乘兴举行头鱼宴，周围千里之内的女真部落首领都要来朝会，阿骨打也按例前来朝见。喝到酒酣耳热，天祚帝命各部落酋长起舞助兴，轮到阿骨打时，他端立正视，以不会歌舞拒绝辽帝的命令。天祚帝再三催促，阿骨打就是不动。天祚帝气得要杀他，枢密使萧奉先说："阿骨打不过是粗汉一个，不知礼仪，何况他没犯什么大错，杀了他恐怕其他部落不服。就算他有异心，料他也成不了什么大事！"

萧奉先可是看错人了，阿骨打决非等闲之辈。项羽当年在鸿门宴上对刘邦心慈手软，以致挥泪别姬，饮恨乌江。天祚帝在头鱼宴上对阿骨打手下留情，也无疑是养虎贻患，自取灭亡。

有勇有谋

阿骨打从小就力大过人，举止端重，深受其父世祖的宠爱。世祖有一次在家养伤，看到阿骨打与一帮

金文学家蔡松年的《萧闲老人明秀集》（金刻本）

《萧闲老人明秀集》，词集，金蔡松年撰。蔡松年（1107—1159），字伯坚，号萧闲老人，真定（今河北正定）人。金代文学家。北宋宣和末，蔡松年从父蔡靖守燕山府，战败后降金。金太宗天会年间，授真定府判官，后累官至右丞相，封卫国公。卒后谥文简。松年能诗，"文词清丽，尤工乐府"，多赠答、感时、抒怀，常流露身宠神辱的矛盾心境；其词作尤为人推崇，与吴激齐名，时号"吴蔡体"。

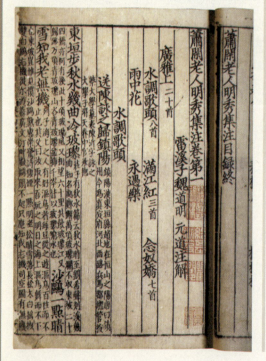

〔辽代名宴头鹅宴〕

契丹风俗，初春江河化冻之时，皇帝常带领臣下到河滩边打猎取乐。侍卫敲响扁鼓，水中的天鹅受惊飞起，皇帝弯弓射箭，放出猎鹰捕捉天鹅。猎鹰抓住天鹅掉入水中，侍卫马上划船靠拢，用钢叉刺住天鹅，取鹅脑喂猎鹰，头鹅献给皇上，左右皆呼万岁，乐队奏乐，群臣把鹅毛插在头上，纷纷敬酒祝贺，通宵狂欢。捕获头鹅的人有重赏，宋诗《契丹风土歌》写道："一鹅先得金百两。"也有人因捕获头鹅而升官加爵。所谓"头鹅"，主要指最先捕获的，也含有大的意思。明陶宗仪《辍耕录》记载："头鹅，天鹅也。以首得之，又重至三十余斤，且以进御膳，故曰头。"

世界大事记　法兰西在与英国的战争中失败，诺曼底仍为英国统治。

萧奉先　完颜阿骨打
　　　　完颜晟
完颜亶　天帝　勇敢
　　　　帝

《金史·太祖纪》

人物　关键词　故事来源

金代文学家蔡珪硕果仅存的一篇文章

《跋苏轼李白仙诗卷》是金代文学家蔡珪硕果仅存的一篇文章。蔡珪（？—1174）字正甫，真定（今河北正定）人。金右丞相蔡松年之子。历任翰林修撰、同知制诰、改户部员外郎、兼太常丞、礼部郎中。现存诗多描绘旅途中风物，或抒写其闲适的心情。元好问谓，金代文学"断自正甫为正传之宗"。现存诗46首，见《中州集》。

小孩打架，一人力敌数人，便高兴地把他抱起来说："这孩子长大后，我还怕谁呀！"阿骨打十岁便喜欢骑马弯弓，有一次辽使来到世祖的府上，看到阿骨打手持弓矢，天上正好飞过一群鸟，就请他试射。阿骨打

箭无虚发，飞鸟应声落地，辽使禁不住赞道："奇男子也。"世祖外出征战，小小的阿骨打也要求从军，世祖怕有闪失不同意，阿骨打便瞒着世祖，多次不穿甲胄，单枪匹马杀入敌营。世祖临终前，拉着阿骨打的手对左右说："我的大儿子乌雅束太柔弱，唯有这个儿子足以对付辽国。"

阿骨打勇武过人，但并不是一个有勇无谋的粗汉，他不乏政治才干，在内政外交上多有建树。有一年，当地闹灾荒，饥民被迫为盗，有人主张凡为盗者格杀不论，阿骨打认为"以财杀人，不可"，减为罚款，并命令凡穷得卖儿卖妻来还债的人家，三年免征租税。这些措施大得人心，他的部落也日益强大了。阿骨打注重发展农业生产，同时练兵牧马养精蓄锐，准备一举击败辽国。

定窑白釉刻画花龙纹盘

这件通高7厘米、口径30.5厘米的金代瓷器，1985年在吉林省农安县出土，现存吉林省博物馆。造型简单、风格古朴，釉色晶莹、柔润，盘内刻画着一蟠龙纹，这看似寻常的物品，却是一个古老北方民族的文化精神写照，质朴中蕴含着无穷的爆发力，正是这样一个民族，依靠它的铁骑和凶猛，把一个堂堂的宋王朝打击得只剩下半壁河山。

> 历史文化百科

〔加强皇权的勃极烈辅政制〕

勃极烈在女真语中原指部落酋长，部落制时代，各部酋长在山野环坐，指画灰土议事。勃极烈辅政制行于金初，带有古老议事制的痕迹，但实际已是辅佐皇帝的中枢机构。勃极烈一般设四人，分担不同的职责，称谙版（女真语：大）勃极烈、国论（女真语：国家）勃极烈、阿买（女真语：第一）勃极烈和昃（女真语：第二）勃极烈。以后又有移赉（女真语：第三）勃极烈、管对外事务的乙室勃极烈等，人数有所变化。金太宗时进一步改革勃极烈辅政制，方向是加强皇权，谙版勃极烈成为实际的皇位继承人。金熙宗即位后，勃极烈辅政制被废。

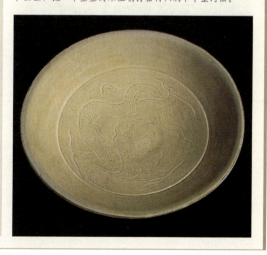

金生活用具瓷枕

金代生活用具，枕面呈椭圆形，斜坡状，内空，白色釉作地，枕面和枕壁刻雕朱色忍冬花，这是继承了汉族地区的工艺传统而制造的。

起兵反辽

天庆四年（1114）九月，阿骨打起兵反辽。他率领女真各部二千五百多人举行了誓师大会。他历数辽

金代道家印

东汉末张道陵创五斗米道，在各地设有道场，作为宗教和行政中心，称为治。当时有二十四治，居于首位的是阳平治，为五斗米道的总部。后来张道陵被奉为道教之祖，尊为"张天师"，其印作"阳平治都功印"。图为金代的"阳平治都功印"。

朝的种种罪恶，发誓要同心尽力与辽血战到底。战争中，阿骨打身先士卒，率领大军直扑辽营。初战得胜后，有人劝阿骨打称帝，阿骨打答道："才打了一次胜仗，就自称皇帝，未免太浅薄了吧。"十月，阿骨打攻克宁江州（今吉林扶余县），大败辽军。阿骨打利用契丹、渤海人民的反辽情绪，把被俘的辽将放回诏谕辽人。阿骨打乘胜攻城略地，在军事上形成直捣黄龙之势。

1115年正月，阿骨打正式称帝，他说："辽以镔铁为国号，象征辽国坚硬如铁。铁虽坚硬，最终难免朽烂。唯有金不变不坏。"于是立国号为金。

同年八月，阿骨打攻克辽北方重镇黄龙府（今吉林农安县）。天祚帝闻讯大惊，亲自率领七十万大军前来征伐。面对强敌，阿骨打决定用激将法，他召来诸将，以刀割脸，放声痛哭，他说："因为辽欺压女真，我才立国为民，现在辽帝亲征，非死战不能取胜。你们不如杀了我一家，迎降辽帝，也许还能转祸为福，保全富贵。"众将群情激昂，齐声道："事已至此，只有血战到底，以求一生！"金兵上下一心，一鼓作气击溃辽军。从此，辽国一蹶不振，不可一世的天祚帝也成了丧家之犬。

阿骨打在五十六岁时去世，死后庙号太祖。他为子孙留下了一份可观的基业，由他创立的金朝共历九帝，一百二十年。

金太祖阿骨打死后，其弟完颜晟继位，史称金太宗。金太宗能征善战，灭了辽，又进军中原，攻入宋都汴京，俘虏了宋徽宗、钦宗两个皇帝，金从此占据中原大片土地。太宗死后，由太祖的孙子完颜亶继位，即金熙宗。这时宋高宗已重建了宋政权，熙宗依靠良将完颜宗弼，对南宋取得一系列军事胜利，迫使南宋求和称臣。可是，随着金的扩张，金皇室内部的纷争也日益激烈。

世界大事记

神圣罗马帝国亨利五世卒，无嗣。迈恩兹与科隆等地人主教以教皇之助，阻止亨利近亲继位，别选萨克逊公罗泰尔，从而在日耳曼和意大利引起教皇党与皇帝党之争。

完颜亮　金熙宗

《金史·海陵纪》

唐括辨　大兴国　篡权

人物　关键词　故事来源

万里车书一混同，江南岂有别疆封？

提兵百万西湖侧，立马吴山第一峰。

据说这首诗是金代海陵王完颜亮所作，诗意雄迈，表达了海陵欲一统天下的抱负。但海陵王最终却以一个好杀嗜淫的暴君形象而史册留名。

皇位舍我其谁

平生三大志向：独裁、称霸、嗜淫。

平生三愿

完颜亮是金太祖的孙子，他为人精明果敢，心狠手辣，结交的朋友如萧裕等也都是一些阴险凶悍的家伙。有一次他对手下的亲信说，我平生有三大志向：第一，国家大事都由我一个人决断。第二，率领大军攻占邻国，让他们的国君跪在我脚下请罪。第三，让天下最美丽的女人都来做我的妻子。他手下的死党也纷纷怂恿他伺机抢班夺权。

舍我其谁

金熙宗以嫡孙当上皇帝之后，作为左丞相的完颜亮便心存不满，做梦也想取而代之。他利用左丞相的权势在朝廷中安插亲信，占据要职。同时施展两面手法，在皇帝面前屡表忠心。有一次，熙宗和他谈及太祖创业艰难，完颜亮居然泪流满面，泣不成声，熙宗以为他是个忠心耿耿的大臣。不过他也知道完颜亮不是等闲之辈，对他还是有所戒心。

金熙宗的皇后裴满氏是个不安分的女人，她常常干预朝政，搞得皇帝很恼火。有一回，完颜亮生日，熙宗让内侍大兴国给他送去一些礼物。皇后也私下要

金代奥屯良弼饯饮碑

女真文是金女真人使用的文字，分为大字和小字两种。女真初无文字，使用契丹字与汉字。金建国后，金太祖命完颜希尹仿契丹字和汉字创制女真字，并于天辅三年(1119)颁行，被称为女真大字。天眷元年(1138)，金熙宗鉴于辽国曾行用两种文字，故又创制颁行一种女真字，称女真小字。目前传世的女真字仅有一种，因而不能断定为大字或小字。图为刻有汉文、女真文两种文字的《奥屯良弼饯饮碑》拓本。

北方民族风格显著的金紫地云鹤金锦绵袍

出土于位于黑龙江省阿城市的金齐国王墓，绵袍为紫色，上有金色纹饰，华贵精美，色泽鲜艳，制作精致，具有古代北方民族服饰的特点和风格。

大兴国捎带了一些礼物。熙宗知道后很不高兴，命人用棍子敲了大兴国一百下屁股，并让他把皇后的礼物索回。这使完颜亮感到十分恐惧。

熙宗脾气很坏，经常当众侮辱大臣，有时借着酒兴亲手杀人，连他的女婿唐括辨也挨过打，又杀宗

室、后妃多人，搞得人人自危，也给自己树了不少政敌。这些人便勾结完颜亮图谋政变。完颜亮问唐括辨："废了熙宗，谁来当新皇帝呢？"唐括辨推举了几个皇室成员，完颜亮一一加以否定。唐括辨问道："你是不是自己想干？"完颜亮答道："除了我还有谁呢！"

取而代之

大兴国是熙宗的贴身亲信，掌有宫门的钥匙，完颜亮通过熟人拉拢大兴国，把他叫到密室，加以威胁利诱。他对大兴国说，当初为了给我送礼物的事连累你挨打，皇帝还扬言要杀了你。与其等死，不如先下手为强。我已和大臣商定准备废了熙宗。大兴国当即表示愿意从命，并建议要趁早动手。完颜亮还找了两名宫廷卫士阿里出虎和忽土为内应。经过周密策划，决定在十二月九日半夜发动政变。

那天正是卫士阿里出虎和忽土当班，夜半二更，大兴国按时轻轻打开宫门，完颜亮带着一帮人身藏利刃闯进宫中，门卫看其中有驸马唐括辨，也没有多加盘问。他们直奔皇帝的卧室，熙宗听到脚步声，喝道："什么人！"把众人吓得一愣，忽土大声说："事情

金代定窑瓷骑鸡童子

定窑位于今河北曲阳涧磁村和东西燕川村，是我国宋金时期著名的北方瓷窑，因中心窑场在宋代定州而得名。定窑在晚唐开始生产具有邢窑风格的白瓷，到北宋生产规模扩大，工艺水平很高，是当时的五大名窑之一。金代继续生产，元以后衰落。定窑以产白瓷著称，另外兼烧黑瓷和酱色釉瓷。图为金代时期定窑瓷骑鸡童子。

已经到了这个地步，还犹豫什么！"熙宗欲拔刀反抗，不料平时习惯放在御床边的佩刀却不见了，原来那晚大兴国已偷偷把刀藏到了床下。阿里出虎冲上前先对熙宗刺了一刀，忽土接着又是一刀，熙宗顿时倒地，完颜亮怕他没死，又加了一刀，鲜血喷了他满身满脸。忽土吼道："现在不奉丞相为帝，还要等到什么时候！"趁势把全身沾满血迹的完颜亮按到御床上，众人下拜，山呼万岁。

完颜亮就此当上了皇帝，实现了他的人生第一大志向。

宗宗
义本

宗萧
安玉

谋撒
里离 残忍
野喝

《金史》
《金史》

《金史·海陵本纪》
《金史·宗义本传》

人物　关键词　故事来源

海陵篡权后，唯恐他人不服，决心清除异己，他首先拿皇室中颇有势力的太宗后代开刀。

海陵残害宗室

欲 清 除 异 己，先 拿 宗 室 开 刀。

宗本"谋反"

宗本在太宗诸子中较有实力，官职为右丞相兼中书令，位居太傅。早在熙宗时，海陵就曾想整垮他，但没得逞。如今大权在握，自然必欲除之而后快。海陵与亲信萧裕密谋，请宗本到御花园来玩球。宗本刚进花园，只见海陵已端坐在楼台上。宗本正准备向前请安，海陵脸色一沉，喝道："你想谋反吗？"埋伏在暗处的刀斧手一拥而上，可怜的宗本还没明白怎么回事，就已死在乱刀之下。

朝廷重臣宗本无辜被杀，怎么向天下交代呢？萧裕自有妙计。那天，宗本的好友萧玉喝醉了酒，披头散发地送客人出城，被人用车"请"到萧裕弟弟的家中，软禁了起来。萧玉酒醒后，一看四周全是手执利器的军士，吓得号啕大哭。他用脑袋撞着墙壁哀求道："臣并未犯罪，家中还有七十老母，可怜可怜我吧！"萧裕出现在他面前，贴着他的耳朵轻声说：

"皇上容不下宗本，已经把他斩了，还准备把谋反的罪状加在他的头上。大家都知道你是宗本的好友，因此必须由你出面来控告宗本谋反。有关谋反的具体情节我已拟好，你必须严格按照上面所写的来告，不准有所偏差，否则你家将大祸临门。"萧玉一口答应。萧裕就把拟好的状纸给萧玉，带着他去朝见海陵。

海陵在群臣面前装模作样地审问萧玉，萧玉说："宗本谋反，蓄意已久，他曾对我说，相面先生说他有天子相，他的儿子也将会大贵，所以不能让陛下见到他的儿子。他还勾结左丞相秉德、中书令唐括辨，准备里应外合搞政变，已经决定近日在皇上出猎时动手。宗本还赠了我一匹战马和一件袍子，作为动手时的标志。我怕到

金代贵族饰物列鞢

列鞢是女真贵族腰间佩带的豪华饰物。图中的金代列鞢1973年于黑龙江省绥滨县金墓中出土，全长37.7厘米，上部为一镏金银盒，两侧各有一串玛瑙珠。银盒下方以黄色丝线缀一多面体水晶球，球两端有镏金银花托，以下又有一个椭圆形玉球，球下为两片长方形玉条，两端各有一孔，玉条下为一棱形玉块。最下部是15个红玛瑙珠。整个列鞢用料考究，做工极为精致。

公元1127年 公元1127年

时候来不及亲自奏明皇上，就先告诉秘书监萧裕，托他转告皇上。"

本来无中生有的事居然让萧玉说得有鼻子有眼的，还牵连了一大串宗室成员。海陵趁机大开杀戒，共杀死太宗子孙七十余人，太宗一系就此绝了后。接着海陵又把屠刀对准斜也子孙。

一石双鸟

斜也是太祖阿骨打的同母弟，曾经南征北战，功勋卓著，封辽王。他有好几个儿子在朝中当官，九子宗义在海陵朝为平章政事。当时还有一个宗室成员左丞相兼副元帅撒离喝也很有势力，撒离喝的儿子宗安在海陵朝为御史大夫。海陵对这两家十分忌恨，决心将他们一网打尽。

撒离喝战功显赫，手中掌有兵权，得到一批将士的拥护。海陵对他不无顾忌，先在表面上对他大加奖励，赐以玉带，许以高官。同时派心腹挞不野为右相兼右副元帅，指使他不要让撒离喝过问军务。挞不野的女儿是海陵的妃子，因此他根本不把撒离喝放在眼里，两人常常闹矛盾。海陵暗中唆使元帅府令史遥设用一石双鸟之计来陷害宗义和宗安。

体现南北生活习俗融合的蔽膝

蔽膝又称韨，是腹前悬挂的长方形织物。从周代帝王礼服中就有蔽膝。这件棉蔽膝所绣纹饰鲜艳华贵，其中的梅花图案又分明是受了中原文化的影响，说明当时两地生活习俗的相互融合。

遥设模仿撒离喝的手迹和印章，给其子宗安写了一封信，然后悄悄地把信扔在宫门口，在上朝时，又当着别人的面故意捡到。信是拆过口的，有些地方字迹模糊，好像被水浸过，但还是可以看出内容大意。信中写道："挞不野向来与我不和，凡事总跟我过不去，想必他是按皇上的旨意办事。你和宗义、谋里野要注意轻重缓急，看准形势来制定计划，谋里野讲得有理，只要先杀挞不野，南路就没什么可忧虑的了。在朝中要防范移剌补丞相，稍有不慎，就可能被他识破我们的计划。确定何日动手，速速派扫胡写密信通知我。"这显然是在密谋造反。谋里野也是宗室，所以也被牵连进来。

海陵马上将宗义、宗安等人逮捕入狱，严加审讯。宗安不服，他说："我要是真有这样的信，恨不得剖开皮肉深藏起来，唯恐泄漏，怎么可能会遗失在宫门口？"狱吏严刑拷打，宗安始终不服。扫胡被按在炉火上烧烤，疼痛难忍，被迫屈打成招。宗义也在严刑之下自诬。他对宗安说："欲加之罪，何患无辞。还不如趁早低头，少吃皮肉之苦。"宗安说："这个冤案不搞清楚，我死不瞑目！"结果被活活打死。撒离喝、宗义、谋里野和他们家族上百人全部被诛杀。

海陵就这样以冷酷无情的铁血政策达到了肃清异己以巩固政权的目的。

>历史文化百科<

〔金人服饰出土〕

1988年在黑龙江阿城市巨源乡发现金代齐国王完颜晏夫妻合葬墓，两口子从内到外、从头到脚包裹得严严实实，共穿着衣帽等三十三件，大量的丝织品服饰出土，为研究我国金代的缂丝、纺织技术、印染工艺、织机种类、民俗美学等，提供了极珍贵的实物资料。此前，中国服饰史研究中缺乏金代服饰实物的佐证，这些文物的出土填补了这方面的空白。

完颜乌海带陵

定哥蒲察
阁阿里虎
巧石儿哥荒淫

《金史·海陵纪》《金史·后妃传上》

人物 关键词 故事来源

〇一八

嗜淫天下无匹

敲剥天下之骨髓，离散天下之子女，以奉我一人之淫乐，视为当然。

纵欲好色是海陵王完颜亮平生一大嗜好，小说集《醒世恒言》卷二十三《金海陵纵欲亡身》把他的荒淫无耻写得不堪入目，虽不无小说家的渲染铺陈，但所讲述的事情，正史中白纸黑字历历俱载。

勒死阿里虎

海陵为人善于伪装，他做丞相时私生活尚有所顾忌，一登上帝位便肆无忌惮地嗜淫纵欲。妃子十多个，和他有染的女子更多得数不清，用他自己的话来说，要把天下绝色女子都取来供我玩弄。而且稍不如

意便加以残杀，手段之毒令人发指。

蒲察阿里虎长得十分漂亮，她先后嫁给阿虎迭和完颜南家，前夫死后，寡居在家，海陵还没篡位时就想把阿里虎据为己有，她的公公不同意。海陵当了皇帝才三天，便颁诏让阿里虎回娘家，不久就把她纳入宫中，封为妃子。谁知海陵又看中了阿里虎和前夫生的女儿重节，相比之下，阿里虎年老珠黄自然被抛在一边。阿里虎察知内情后，妒火中烧，打了重节几下耳光，还骂了一大堆脏话。海陵得知后十分恼火，要杀掉阿里虎，幸亏皇后和其他妃子相救才罢休。

遭到冷落的阿里虎寂寞难耐，就让一个侍女穿上男装，两人像夫妇一般同吃同睡，搞起了同性恋。有个叫三娘的厨娘向海陵告了密。海陵倒也不当回事，只是告诫阿里虎不要为此事殴打三娘。阿里虎却一怒之下，打死了三娘。海陵听说宫里死了人，料想可能是三娘，就扬言："如果真是三娘死了，我肯定要斩了阿里虎。"阿里虎吓得饭也吃不下，天天焚香祷告，祈求神灵保佑，希望能免于一死。一个月后，阿里虎精神彻底崩溃，海陵这才派人把她勒死。

杀人夺妻

节度使完颜乌带曾为海陵篡权夺位立下过汗马功劳，他的妻子定哥姿色可人，婚前曾和海陵有私情，她的侍婢贵哥则从中牵线。海陵当上皇帝后，每逢节日，乌带总是派家奴进宫送礼上寿，定哥也差遣贵哥进宫问候海陵和太后。海陵让贵哥传话给定哥，"自

金海陵纵欲亡身
明代小说家冯梦龙编撰的《醒世恒言》中的第二十三卷"金海陵纵欲亡身"，演绎的正是金代海陵王荒淫残暴的一生。图为明刻本《醒世恒言》第二十三卷的插图。

公元1129年

中国大事记 天会七年，二月，金军进逼扬州，宋高宗逃往江南，将迁至杭州。金军渡江，宋廷流亡海上。

古以来天子也有两个皇后的，能不能杀了你的丈夫，来做我的皇后？"定哥不肯，说，"年轻时干的那些丑事，现在重提也是够难为情的，何况如今儿女都已长大成人，怎么可以再干这种见不得人的事。"海陵仍不死心，叫人告诉定哥，"你如果不忍心杀乌带，我就诛灭你的全家！"定哥十分恐惧，就以儿子常在乌带身边难以下手为借口，不肯谋杀亲夫。海陵就把乌

平水佳椠，伯虎增趣——金刻本《南丰曾子固先生集》

金刻本《南丰曾子固先生集》三十四卷，是传世曾巩别集的一个重要版本。这部金刻本在明代曾经"江南第一风流才子"唐寅收藏，有"吴郡唐寅藏书印"、"唐伯虎"两朱文印为证。

带的儿子召入京城做官。定哥无可奈何地说，"这事没法再拖了。"只好把乌带灌醉，命家奴勒死。

定哥偷情

海陵得知乌带已死，假装十分悲伤，为他举行了隆重的葬礼。可乌带尸骨未寒，海陵就把定哥纳入宫中，大加宠爱，封为贵妃，还答应要让她做皇后。但海陵生性喜新厌旧，嫔妃极多，对定哥新鲜了几天后，就把她冷落在一边了。有一天定哥独自一人在楼上，看到海陵和其他妃子乘着车子，嬉闹着从楼下经过，就大声乞求海陵不要忘了她，海陵看也不看她一眼。情急之下，定哥干脆破口大骂，海陵只当没听到，在一群美女的簇拥下扬长而去。

定哥在乌带家时曾和家奴阎巧儿私通，被皇帝疏远后便想到了过去的情人。但要把一个大男人弄进宫中谈何容易，她绞尽脑汁想出一条妙计。她先买通

金朝贵族的绣鞋

此金人服饰中的绣鞋，鞋面用饰有萱草的罗，针线细密规正，精美华丽，是金贵族的服饰。

> **历史文化百科**

〔杂剧戏台出土〕

1959年考古工作者发掘了位于山西省侯马市的金代董玘坚偐墓，这是近年发现的最著名仿木建筑雕砖金墓。墓平面近方形，顶为八角形藻井，四壁满砌雕纹，明间设曲足花桌，上置牡丹盆花，桌两旁坐墓主人夫妇。两次间各立雕花屏风和侍童侍女。东西两壁各雕六扇格子门，障水板上雕花卉人物，南壁墓门两侧砌镇宅狮子和盆花。北壁上方正中砌一小戏台，台上放五个涂彩的杂剧砖俑，排成一列，正在作场，是研究中国古代戏曲史的重要实物资料。

世界大事记

时值欧洲商品经济复兴，城市兴起，商业往来频繁，亟需精细的法律与之相适应。意大利学者厄尼利阿斯开始在波隆雅大学讲授罗马法（查士丁尼法典）。

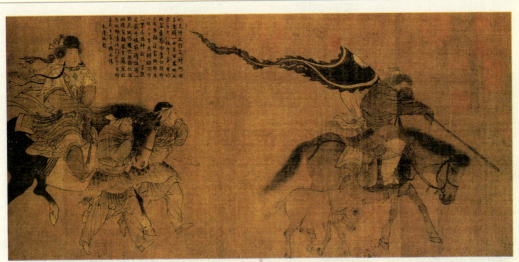

金代张瑀《文姬归汉图》（局部）

出入宫中的三个尼姑，让她们和阎巧儿接上关系。然后她先派人在宫外买了许多女人的内衣，装在大箱子里往宫里抬，守门的太监坚持要检查，打开一看，全是女人的内衣，感到十分狼狈。定哥就派人来责骂他们，"我是皇帝的妃子，你们这帮下流坏蛋竟敢乱翻我的贴身内衣，是什么意图？我要去奏明天子，你们该当何罪！"门卫吓得抖抖索索地说："死罪，死罪，今后再也不敢乱翻娘娘的东西了。"几天后，定哥就派人把阎巧儿装入大箱子内，抬进宫中，门卫谁还敢盘问！定哥让阎巧儿男扮女装，白天混在婢女中间，晚上和她暗中偷情。侍婢贵哥看两人难分难解打得火热，担心这样下去早晚会出事，为保自身，就向海陵告密。结果定哥、阎巧儿被杀，还诛杀了不少知道内情的人。贵哥被封为莘国夫人。

姑妇姐妹尽入嫔御

海陵为了占有他喜欢的女人，无所不用其极。定哥的妹妹石哥是个有夫之妇，海陵要堂而皇之地娶她，就以死威胁石哥的丈夫，迫使他让出自己的妻子，石

《文姬归汉图》，金张瑀绘。作者生平不详。此图画东汉末年蔡文姬归汉之事，重点突出归汉时行旅场面，不加配景。人骑疏密错落，互相呼应，真切描绘出长途跋涉的气氛和朔风凛冽的塞外环境，并以众人护面避风之态与文姬挺立的身躯与坚定的面容相对比，衬托出她急切的心理状态和坚强的性格。

哥只得和丈夫抱头痛哭，挥泪诀别，进宫以供海陵淫乐。海陵看上了一个孕妇，就逼她喝麝香水打胎，孕妇苦苦哀求，海陵干脆急不可耐地亲自动手硬拉乱扯使孕妇流产。他还常在宫中公开淫乐，《金史》说他是"姑妇姐妹尽入嫔御"，其污心秽目之事，令人不能卒读。

穷奢极欲，从来就是帝王的本性，帝王的权势使他有能力为所欲为，又何乐而不为。史官对金海陵十分不客气，只是因为后来海陵被推翻，废为庶人。成为王，败为寇，自古皆然。至于那些所谓的"明主""伟人"，史官歌功颂德唯恐不及，丑事再多也都秘而不宣了。明代思想家黄宗羲说得好，历代帝王从来就是将"敲剥天下之骨髓，离散天下之子女，以奉我一人之淫乐，视为当然"。金海陵如此，其他帝王又何尝不是如此呢。

〇一九

暴君骂和尚

人具有双重性，暴君也不例外。

海陵一生坏事做绝，但好事也不是一件未做。他脾气偏，做事专断独行，但他对阴阳吉凶之类的迷信活动一概排斥，决不轻信。

高僧也怕死吗?

当时有个叫法宝的高僧在京都颇有名气，一帮达官贵人对他趋之若鹜。法宝要离京南下，朝臣一个接一个地上门拜访，尽力挽留，法宝更是摆足了架子要走，事情搞得纷纷扬扬，传到海陵的耳中。海陵就召三品以上的大臣上朝。海陵指着大臣们的鼻子骂道："听说你们每次上寺院，法宝和尚神气活现地坐上座，你们都恭恭敬敬地坐在两

研究金代建筑的实物资料: 净土寺大雄宝殿天花

净土寺位于山西应县城内东北隅，古称北寺，始建于金天会二年 (1124)。主殿大殿重建于金大定二十四年 (1184)，平面略呈方形，进深与面阔各三间，单檐歇山顶，斗拱疏朗，屋顶平缓，侧角升起显著，虽经历代修葺，尚存原貌。殿内的藻井及天宫楼阁造型美观，构图繁复，结构玲珑，金碧辉煌。藻井底金龙盘绕，手法工致，气势磅礴。周围天宫楼阁，为金代精致的建筑模型和工艺美术品，是研究金代建筑规制和造型的实物资料。图为净土寺大雄宝殿的藻井天花。

公元1130年　公元 1130 年

世界大事记　十字军兴后。东西交往频繁，商业大盛，旅居东方的基督教徒多与阿拉伯人通婚。各地均通行一种由法兰西、意大利、希腊与阿拉伯语混合而成"法兰克语"。

《金史·海陵纪》
海陵
法宝　谎骗

人物　关键词　故事来源

旁，我很不以为然。佛祖本来不过是一个小国的王子，他舍弃了富贵荣华，刻苦修行，终于成佛，直到今天受人崇敬。可现在这些烧香拜佛的人却指望由此捞取个人的好处，真是荒唐透顶。何况当和尚的往往是些不第秀才、市井无赖。这些社会闲杂人员混不下去了，才出家做和尚。要论地位身价，他们还比不上地方芝麻官。只有乡镇里的老太婆，恐怕不久人世，才去求神拜佛。你们身为朝廷高官，居然效法愚妇愚民，真是丢脸！"

海陵又召来法宝和尚，对他说："你是个僧人，要走就走，要留就留，何必谋名图利到处张扬？"法宝吓得双腿发抖，哆哆嗦嗦地说不出话来。海陵挖苦道："你号称高僧，想必法术高明，难道也怕死吗？"于是当众把法宝杖责二百多下，带头给法宝捧场的官员也各挨了二十大板。

假仁假义

海陵上台后，下诏迁都燕京（今北京），负责营建新都的官员把按照阴阳五行制定的规划图上报给皇帝，海陵阅后大怒，他说："国家的吉凶安危在德不在地，让夏桀、商纣这样的昏君来居住，地方再好又有什么益处。如果让尧、舜那样的贤君居住，又何必靠卜卦来选择风水宝地。"

看来海陵内心还是以尧、舜为榜样的。有一回，太子生日，海陵对近臣说："昨天太子生日，皇后送我一件珍贵的礼物，你们不妨看看。"随手取出一张《农家耕作图》。他接着说："皇后认为太子在深宫中锦衣玉食养尊处优，不知道老百姓种田的艰辛，特地送来这张画，皇后真是贤德啊！"海陵有时在公开场合穿着打补丁的旧衣服，还和士兵一起吃陈米糙饭。他看到老百姓的车子陷入泥淖时，就吩咐卫士帮助他们推车，让民车先行，然后才走。他平时与大臣交谈也常引古代的贤君以自况。

刻画生动的金张珪《神龟图》

张珪，生卒年不详，金代画家，驰名于海陵王正隆年间。此图画神龟在临水沙滩上，仰首口吐祥云瑞气。画法工细，细笔勾出水波轻漾之状，沙岸以大色块渲染，细笔点写。龟的刻画写实生动，有多层次渲染，与五代著名画家黄筌的写生之法有相通之处。

这类事情似乎也值得称道，可史官认为这些都是海陵伪装出来欺骗臣民的。古来君主王公耕田种树、节衣缩食的事迹史不绝书，可又有几个不是在故作姿态？但能装样子还算是好的，假仁假义总要比不仁不义强一点吧。如果帝王权贵们连装装门面都无暇顾及，老百姓的日子不就更难过了吗？

> ▷历史文化百科◁

〔辽代佛教徒自发的社团组织：邑社〕

邑社是辽代佛教徒自发建立的社团组织，通常有千人组成，称为"千人邑"。其成员为佛教信徒，僧俗皆收，男女都有，不分贵贱长幼，贫富先后，所谓"结一千人之社，会一千人之心。春不妨耕，秋不废获。立其信，导其教"。邑社设邑长、邑录等职，其成员在邑社内地位平等。资金的交纳、管理、支出等，也有一定的规矩。建立邑社的目的，多为修缮寺院、供给道米等，为其筹措钱粮。邑社可分为多种，有建塔邑（为营建佛塔而结成的邑社）、供灯塔邑（为在上元灯节在塔寺设灯而组成的邑社）、念佛邑（为报答佛恩讲解佛经而聚众念佛）、诞圣邑（为纪念佛祖生日举行佛事而建立的邑社）。

○二○

杨伯雄自比魏徵

杨伯雄把自己当作敢于直谏的魏徵，把海陵视为虚心纳谏的唐太宗。结果祸从口出，差点掉了脑袋。

封建时代，帝王一言九鼎，生死予夺，专制独裁，无所不能。但是为了王朝的长治久安，也装装门面，设一些谏官，由此上演了一幕幕悲喜剧。

以"静"治国

杨伯雄是金朝的进士，海陵还没发迹时就很器重他。海陵坐上皇位后，不忘昔日交情，请伯雄经常到皇宫来走走，伯雄答应后却总是不去。海陵感到很纳闷，就问他为何老是不上门。伯雄答道："有才干的人应当走正大光明的仕途，我平时最讨厌的就是找靠山拉关系。"因此海陵更加看重他，提拔他当了谏议大夫。

海陵刚上台时，急于搞点政绩出来，与朝臣讨论国家大事常至深夜。有一次他问伯雄："国君治理

金代交钞铜钞版

金贞元二年（1154），为了节约铜原料，朝廷接受蔡松年的建议，恢复钞引法，开始发行纸币称作"交钞"。交钞与铜币可以自由兑换，既可以"纳银换钞"，又可以"纳钞换钱"，故其币值比较稳定，"商贾利其赍远"常常前来换领于远方行使用权。先是七年为限，到期换领新钞，旧的作废，后来取消限期，长期使用，破烂以后即可换领新的。这在纸币史上是一大进步。图为金代印制交钞的铜钞版。

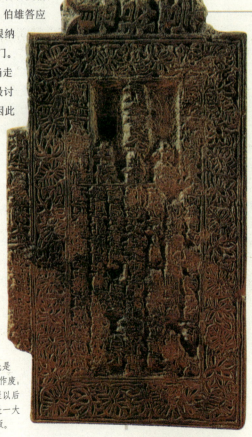

天下应当遵照什么法则？"伯雄答道："最重要的是'静'。"海陵默不作声。第二天，海陵又问伯雄："我派一些部落首领屯兵边疆，你昨晚说的话是不是指我那样做违反了'静'的法则。"伯雄说："屯兵边疆是为了加强统一维护国防，这是无可非议的战略决策。我所谓的'静'是指不要无事生非，劳民伤财。"

巧谏暴君

两人谈得投机，海陵又问鬼神到底是怎么回事。伯雄说："当年汉文帝召见才子贾谊，谈到半夜，文帝情不自禁地凑到贾谊面前，不问老百姓的冷暖，却请教鬼神是什么。以至于后人讥笑他'可怜夜半虚前席，不问苍生问鬼神'。陛下看得起我，来问我国家大事。鬼神的事我可没有研究。"海陵说："讲讲又有何妨，免得我晚上老是想这种事情。"伯雄没办法，只好说："我家里藏有一卷书，写人死后的情况，有人曾问地狱里的阎王，怎样才可以免罪。阎王说，你放一本日历在案头，到晚上就把白天的所作所为写在上面，不能写在上面的事，就是不

世界大事记　拜占庭帝国征服安阿提喀拉丁王国的同盟小亚美尼亚，并迫使安阿提喀的累蒙德承认为帝国之附庸。

《金史·海陵诸子传》《金史·海陵杨伯雄传》

杨伯雄　海陵　郯思阿补

直言

人物　关键词　故事来源

该做的事。"听了这话，海陵的脸色一下子变了，因为见不得人的事他实在做得太多。好在海陵一向以明君自居，对伯雄的话，他不以为忤，反而称赞道："伯雄出语不忘规诚，作为大臣就当如此。"还给他升了官。

还敢多嘴?

这样几次一来，伯雄有点忘乎所以，把自己当作敢于直谏的魏徵，把海陵视为虚心纳谏的唐太宗。结果祸从口出，差点掉了脑袋。

金代砖雕丰收舞蹈人
这是1981年在山西新绛金代墓葬出土的一组乐舞砖雕中的一块。全组砖雕共九幅，画面生动地再现了民间社火队表演时的盛况。这些砖雕上的人物，有的敲锣，有的打鼓，有的吹笛，呈现了一派热烈欢快的场面。

> 历史文化百科 <

〔契丹人的乳制品〕
契丹人是游牧民族，马、牛、羊乳炼制而成的乳酪营养丰富，是他们居家和待客的常见食品，酥油用来供佛。各种乳汁还可以加野菜熬煮成乳粥食用。

海陵有个儿子名叫郯思阿补，从小就寄养在太监东胜家，不料没到三岁就死了。海陵大怒，杀了太医和孩子的奶妈，东胜也挨了一百下大板，赶出宫廷。杨伯雄当时与同僚私下议论皇子之死，伯雄说："皇子之死全是因为寄养在宫外，尽管领养的人家小心翼翼，总不如在亲生父母膝下，难道国家的风俗向来是这样的吗？"

本来这话说过也就算了，不料有人向海陵打了小报告。海陵大发雷霆，指着伯雄的鼻子骂道："你不过是一个臣子，怎敢用什么风俗来指责君父的所作所为。宫禁中的事情，要你多什么嘴！我有时身体不舒服，偶然不上朝，你也要说三道四。我不上朝只不过少得人们几拜而已，国家大事我不是照样处理得好好的。我有空喜欢欣赏歌舞声乐，你又要唠唠叨叨。古书上说，'好女色，喜欢打猎游玩，酗酒嗜乐，营造华丽的宫殿，国君只要沾上一件，就难免亡国。'这是告诫那些沉溺于声色酒乐，不理朝政的君王。虽然我宫中的歌舞声乐喧天动地，但宰相敢有滥卖官职的吗？官吏敢有接受贿赂的吗？外面有人敢窃窃私议的吗？你身为谏官，有话公开说，说了不听，是我的过错。你却私下议论，真是岂有此理！"

伯雄知道这下犯了皇帝的逆鳞，吓得跪地求饶："陛下至德明圣，当然没有人敢私下议论。愚臣失言，罪该万死，求陛下哀怜。"海陵说："本当砍了你的脑袋，现在先打二百大板。"可怜的伯雄顷刻被打得皮开肉绽，奄奄一息。从此再也不敢多嘴了。

伴君如伴虎，古来读书人谁个不知，可偏偏就有这么多的读书人，"明知山有虎，偏向虎山行"。不知他们究竟是为了满足谋取高官厚禄的私心，还是真正怀抱兼济天下的雄心，抑或兼而有之？谁知道呢？我们从史书中看到的只是君王的血盆大口和伴君者的累累白骨。

一〇二一

南侵踏上不归路

本欲立马吴山，结果身死异乡。

海陵平时也喜欢翻翻史书，他夺取皇位后颇为得意，有一次对臣下说："汉的疆域不过七八千里，我们现在幅员万里，要大多了。"一位近臣进言道："本朝疆域虽大，但天下还有四主，南方有宋朝，东边有高丽，西面有夏朝，如果能统一那才是真正的大呢。"海陵认为有道理，便说："对，天下一家，然后才称得上为正统。"于是便急不可耐地打算率军百万，南侵宋朝，指望有朝一日，屯兵西湖，立马吴山，成为一个正统的中国皇帝。

思忠犯颜直谏

海陵要伐宋，想先征求一下大臣的意见，但他平时专断独行，众大臣都不敢应答，只有一位名叫思忠的挺身而出表示异议。海陵很不高兴，就说："不要你说伐宋行

以渔猎为生的女真人
女真人是发源于东北地区的少数民族，以渔猎为生，11世纪开始崛起，在首领完颜阿骨打率领下于1115年建立了大金政权。十年之后灭亡了契丹人建立的辽，两年之后又消灭了北宋王朝。而且，这个民族中的另外一支还于五百年后再次攻破关门，进入北京建立了清朝。

还是不行，只要你回答什么时候能够攻克南宋？"思忠说："少说也得十年。"海陵说："哪里要这么长的时间，个把月也就差不多了吧。"思忠答道："太祖伐辽也花了好多年，现在百姓日子并不好过，一肚皮的怨气。而且师出无名，长江、淮河流域气候闷热潮湿，北方人水土不服难以久居，要在短时期内攻克南宋是不可能的。"海陵大怒，脸上露出一股杀气，思忠毫不畏惧，又说，"老臣历事四朝，位至公相，只要有利于国家，我死而无憾。"海陵说："自古帝王混一天下，然后才称得上为正统，你这个老头不懂其中的道理，还不如回家问问你那读书识字的儿子吧。"思忠说："我当年在太祖手下打天下时那有什么文字？

完颜希尹家族墓地第三墓区神道
位于吉林省舒兰县小城子乡。墓地共分五个区，面积136400平方米，为金代完颜希尹及其族人的墓地。完颜希尹为金代开国元勋，官至尚书左丞相兼侍中，女真文字的创造者。神道两侧排列石翁仲、石虎、石羊等。为吉林省文物保护单位。

▶历史文化百科◀

〔果脯的由来〕

契丹人很早就知道用蜜蜡浸渍的水果可以长期保存。这种传统在北方一直沿用下来，今日北京特产果脯当是辽代传承下来的。

徒单氏　完颜乌野　唐括元宜　盲动　《金史·海陵纪》

人物　关键词　故事来源

我年已七十，经历过多少风波，咱家的小子乳臭未干，有什么好问的。"

逆我者亡

思忠犯颜直谏，海陵极为恼火，总算念他老臣，没杀他。江淮人祁宰也从天时、地利、人和三方面劝海陵不要伐宋。他指出，当年太祖伐辽攻宋，手下人才济济，还不能统一中国，现在的文臣武将都不如当年，要伐宋谈何容易。兴师动众，势必劳民伤财，徭役繁重，终将导致人民离心离德。南方江河纵横，北人不善水战，地形不利骑兵作战。祁宰还以天象的异常说明不可轻易动兵。海陵根本听不进这一套，一怒之下，杀了祁宰，还抄了他的家。

皇太后徒单氏也反对南伐，她不是海陵的生母，海陵表面上对太后挺孝顺，经常省视，亲自搀扶，内心却对太后不无忌恨。太后时常让婢女福娘去问候海陵，海陵与福娘勾搭成奸，并吩咐福娘监视太后。太后每次见到海陵都劝他不要攻宋，海陵很恼火。太后将这些事告诉了枢密使师恭。福娘向海陵告密，海陵疑心顿起，他怕师恭将兵在外，可能会和太后联手推翻自己，于是命令护卫去杀死太后。他吩咐部下说："你们去见太后，就说圣旨驾到，让她跪着接旨，然后趁其不备杀死她，下手要快，不要让她太痛苦。"他的护卫遵令将太后勒死，并焚烧尸体，把骨灰投入水中。从此，朝附没人再敢公开反对南伐。

兴兵伐宋

为了伐宋，海陵不惜劳民伤财，迁都南京（今河南开封）。他动员了全国的兵力，凡是二十岁以上五十岁以下男子都被强征入伍，多子女的家庭要求留一个儿子在家也不行。他下令拆毁民居取材造船，大肆搜括民间骡马，甚至拿死人来熬油。海陵想征服他

国，却先挖空了自己的国库，榨干了民脂民膏，以至人心浮动，天下骚然，其结果也就可想而知了。

1161 年 9 月，海陵兴兵伐宋。金兵六十万分四路南下，在淮西和淮东的南宋军队闻风而溃，逃往江南。同年 11 月，海陵在和州造船，准备渡江攻采石镇（今属安徽马鞍山）。海陵身披金甲，亲自指挥作战。宋将虞允文命水军迎战，当涂民兵驾海鳅船冲锋，金兵的船只被冲得七零八落，金军大部被杀死在江中。

女真人的圣地

金太祖完颜阿骨打陵是女真人的圣地。其中宁神殿内放有阿骨打的棺椁及兵器、马匹等殉葬品，大宋朝的徽、钦二帝及其嫔妃、群臣，就是在这里跪拜，行"牵羊之礼"，受尽了亡国之辱。这座神殿是千百年来最受女真人崇拜的地方，殿内设有阿骨打及其六名功臣的神像供游人凭吊，女真后裔常来此祭拜。

金军大溃，海陵只得移师瓜洲渡，准备在那里渡江夺取镇江。不料此时后院起火，完颜雍在辽阳发动政变，拥兵自立。消息传来，海陵拍着大腿叹息道："这难道是天命吗？"更急于灭宋北归，迫令将士三日渡江，当时金兵已军心动摇，兵士纷纷逃亡。海陵下令，士卒逃亡杀军官，下级逃亡杀上级，搞得人人自畏。

众叛亲离

千夫长唐括乌野找到浙西道兵马都统完颜元宜说："我们刚在淮水吃了败仗，差点当了俘虏。现在又命令我们三日内渡江，不是要把我们逼上绝路吗？听说辽阳新天子即位，还不如共举大事，率军北还。"元宜部下也有不少人逃亡，正怕海陵怪罪，便决定先下手，他对部众说："海陵命令我们明日渡江，如不成功就要杀头。我军新败，元气未复，这分明是让大家

深驼色绫纹罗绣团花棉套裤
金齐国王完颜晏夫妇墓出土，整个套裤长142厘米。

去送死。与其白死，不如先下手为强，杀了完颜亮，北归投靠新主。"

金兵本已厌战，于是跟着元宜直扑海陵大营。海陵正在睡觉，忽闻帐外人声喧闹，以为宋军攻至，披衣急起，只见乱箭如雨，射入帐内，拔下一看，才知部下反戈。他身边的副使说："太危险了，还是躲一躲吧。"海陵说："大难临头，现在还能往哪儿躲？"慌忙取弓对射，弓未到手，就被射中倒地。叛将冲入营帐向他刺了一刀，然后一拥而上，用绳子把他勒死，海陵的东西被叛兵一抢而空，尸体被焚化。元宜派人到南京杀了十二岁的皇太子光英，然后率师北还。

遗臭万年

海陵生前曾对人说："等到太子光英十八岁，就把天下交付给他，我自己每天在御花园里玩玩，享享清福，该有多好！"不料他的爱子不但没有得到天下，反而赔了小命。海陵一生将相而帝王，死后却被废为庶人（平头百姓），连尸骨都不得入祖坟。他死时年仅四十，正值年富力强之时，原应有所作为，但野心过分膨胀，不顾国力民心，贸然兴兵伐宋，本欲立马吴山，结果身死异乡，功业扫地，留下的是千古骂名。

承安宝货（上图）
长4.8厘米。黑龙江省西部出土。正面首端横凿"承安"二字，右为"宝货壹两半"左为押记。据《金史》载：承安宝货铸于金承安二年至五年。

人物　关键词　故事来源

○二二

贤妻乌林答氏

世宗在位二十九年，皇后的位子一直虚设，以此表示对前妻的追念。

海陵南下伐宋，完颜雍乘机在北方搞政变，被拥立为皇帝，号世宗。世宗上台伊始就大赦天下，下诏揭发海陵十大罪状，从背后狠狠地捅了海陵一刀。对海陵而言，这也是恶有恶报，世宗与海陵原有杀妻之仇。

破财免灾

世宗小时候与乌林答氏订婚，乌林答氏做姑娘时就以行为端庄容仪整肃而受到宗族的敬重。乌林答氏嫁到世宗家后，对公婆很孝敬，安排家事十分得体，是一个贤惠的主妇，夫妻之间也非常恩爱。世宗的父亲在伐宋时抢到一条白玉带，是宋朝皇帝的服饰。世宗十分喜欢这条玉带，珍藏起来秘不示人。乌林答氏劝他说："我们这样的人家藏有这种宝物未必有好处，应当把它献给当今天子。"世宗想想有道理，便把玉带献给了熙宗。熙宗的皇后对玉带爱不择手，皇帝也非常高兴。熙宗晚年好猜忌，经常喝醉了酒杀戮宗室，世宗却始终太平无事。

海陵篡位后，对宗室大户疑心重重，世宗日子很不好过。乌林答氏劝世宗把家中珍藏的宝物献给海陵。于是今天送去一把犀牛角装饰的佩刀，明天送上一套良玉雕制的茶具，海陵以为世宗恭顺畏己，渐渐对他放松了警惕。

金代雕版印刷精品《金藏》书影

《金藏》即金代雕版《大藏经》，相传由潞州百姓崔法珍断臂募缘刊雕，响应者舍家产以助刊经。刊经时间约在金皇统九年（1149）至大定十三年（1173）间，历时二十五年始成。《金藏》以宋《开宝藏》为蓝本刊刻，共计十六万八千一百一十三板，六千九百八十卷，卷轴装。现除中国国家图书馆收藏了四千五百余卷以外，国内主要图书馆、博物馆，以及海外公私藏家也有收藏。

历史文化百科

〔卢沟晓月〕

抗日战争是从北京的卢沟桥开始的，这座桥建于金代。永定河旧称卢沟河，当时河水湍急，而从南方来京的旅客必经此地，原有的浮桥及木梁桥已不能适应需要。金世宗大定二十九年（1189）开始营建石桥，章宗明昌三年（1192）建成。桥长266.5米，宽7.5米，桥下有十个桥墩、十一个拱券，桥墩和桥身的关键接合部位皆用腰铁固定，十分坚固。最与众不同的是，在两侧二百八十一根栏柱上，都各雕有一个大狮子，每个大狮子身上或周围又各雕有若干小狮子，神态各异，形象逼真，令人叹为观止。当地歇后语有"卢沟桥的狮子——数不清"之谓。古时两岸密布客栈驿馆，行人起早赶路，至此每见晓月疏星，离愁别绪涌上心头。

中国大事记

天眷二年，金归宋河南、陕西之地。金熙宗以谋反罪杀完颜宗磐、完颜宗隽、完颜昌等大臣。以完颜宗幹为太师，领三省事，完颜宗弼任都元帅。

以死明志

没料到海陵得到世宗许多珍宝后，又看上了世宗的爱妻乌林答氏，他听说乌林答氏姿色可人，便下诏要她进宫。当时世宗在济南做官，乌林答氏明白此次进宫必遭海陵凌辱，就决心一死了之。但转念一想，如果死在济南，海陵必杀世宗，只有奉诏，离开济南后再自尽，才能使世宗免祸。临别时，她对世宗说："我知道怎样对付，不会连累你的。"她召来王府的臣仆张仅言，说："你是王府的心腹之人，我离开后，你为我到泰山去祈祷一下，我没有做对不起大王的事，让皇天后土明白我的心吧。"

她又对其他的仆从说："从我嫁到这里至今，从未见王爷做过任何出格违法的事情。现在皇室成员动辄遭猜忌治罪，大都是奴仆居心不良，为了泄私怨就诬陷主子。你们都是府上的旧人，不要忘了昔日的恩德，不可故意惹事生非。如有人胆敢胡作非为，我在阴间看得清清楚楚，你们要好自为之。"仆人们听罢都感动得流下了眼泪。

乌林答氏离开济南后，从行

金代名医张元素（下图）

张元素字洁古，晚号洁古老人，易州（今河北易县）人。金代医学家，约与金代另一名医刘完素同时代。张元素深通药理学，善医伤寒。据《金史》载，名医刘完素病伤寒，八日不愈，头痛脉紧，竟使这位大医学家自己也不知所措。张元素往视，完素看不起他，面壁不顾。元素不但断准其病，且指出其用药不当，致使完素信服。后按元素意见用药，遂愈。自此名声大震。张元素治方，善于化裁古方，善于创新，对药物气味的升降作用和药物归经，有独特见解。主要著作有《医学启源》、《珍珠囊》、《药注难经》及《医方》等。

金张元素

的护卫知道她不会真的去见海陵，为了防她自杀，看护十分谨严。走到离中都（北京）不远的良乡，护卫们稍有松懈，乌林答氏就自缢身亡了。海陵空等了一场，心中愤愤，还怀疑这都是世宗策划的。

世宗登基后，十分怀念乌林答氏，将她追谥为昭德皇后，常去皇后的陵前恸哭致祭。有一次，皇太子生日，世宗在东宫设宴，豫国公主起舞助兴，世宗突然涕流满面地说："这孩子的母亲就是已故的皇后，她可真是贤德啊，我之所以不立皇后，就是因为她的德行是后人无法超越的。"世宗在位二十九年，皇后的位子一直空设，以此表示对前妻的追念。

公元1139年

世界大事记

罗马教皇英诺森亲自率兵与西西里王罗吉尔战，兵败被俘。旋以承认罗吉尔的王国和国王称号获释。

李石　海陵　《金史·李石传》

单子世温　金世宗　谋略

人物　关键词　故事来源

〇二三

李石多谋

李 石 嫉 恶 不 畏 权 势，
贼 官 闻 之 无 不 悚 然。

世宗能当上皇帝，谋士李石功不可没。

一言知祸

李石为人敦厚寡言，器识过人。海陵营建燕京宫室时，李石参与负责皇城的建造。海陵迁都燕京后，李石随班入见，海陵指着李石说："这不是葛王（世宗即位前的封号）的舅舅吗？"李石马上预感到这句话暗藏杀机，他深知海陵忌恨宗室，任期一满，就托病回乡隐居。

海陵确实对世宗很不放心，南下伐宋前，他关照东京副留守高存福监视世宗。世宗在京都打造兵器盔甲，高存福遣使密报海陵，海陵命令高存福除掉世宗。高存福和李彦隆打算请世宗看击球，派刀斧手伏兵杀了他。高存福的家人将他们的密谋告知了世宗。世宗十分恐慌，李石劝他先下手为强。世宗便以商议军事为名，召高存福、李彦隆到清安寺开会，乘机把他们抓了起来。

嫉恶如仇

世宗即位后，群臣都劝世宗把首都建在上京（今黑龙江阿城县），世宗犹豫不决。李石上奏道："海陵远在江淮，天下大乱，寇盗蜂起，民众正指望有人能力挽危局。皇上应抓住这个良机，直赴中都（今北京），占据战略要地来号令天下，创立万世基业。千万不要为群僚的议论所迷惑。"世宗这才下定决心，当天就起驾直赴中都。

李石嫉恶如仇不畏权势。宰相合喜的侄子单子温贪赃枉法，李石上奏弹劾，正巧合喜也要上朝，在殿外等了半天才看到李石下殿，便迎上去问："御史大夫，什么事情要这么久呵？"李石正色道："正是因为天下的贪官污吏还没斩尽杀绝呀！"这句话传出去后，那帮贼官无不闻之悚然。

金代名医刘完素

刘完素（约1120—1200），字守真，自号通元处士，河间（今属河北）人，世称"刘河间"。金代名医，中医历史上著名的"金元四大家"之一的"寒凉派"的创始人。在理法上，他十分强调"火热"之邪治病的重大危害，因此，后世称其学说为"火热论"；治疗上，他主张用清凉解毒的方剂，并创制不少治疗伤寒热病的方剂，故后世也称他作"寒凉派"。主要著作有《素问玄机原病式》、《宣明论方》等。

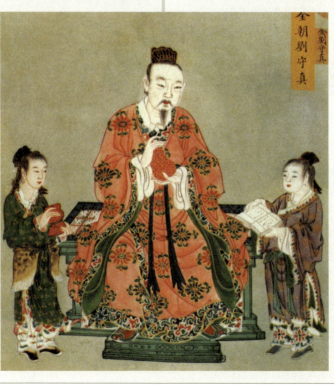

金朝刘守真

当时北方常有异族入侵，朝廷准备动员百姓沿边境挖深沟来加强防御。李石上奏道："古代建长城防备来自北方的侵袭，结果劳民伤财，无补于事。北方人习惯游牧生活，出没无常，只有依靠德行来感化他们。如果挖深沟来加强防御势必要派重兵驻守，但塞北多风沙，用不了几年，这些沟堑就会被风沙填平。切不可虚耗民力，干这种得不偿失的蠢事。"朝廷采纳了他的意见。

山东、河南的驻军和当地的百姓为争田地而闹纠纷，当局认为军队是国家的根本，应当支持军队。李

金代彩釉瓷娃娃

图右坐娃头束双抓髻，面部丰满，塑形从简，眉眼系坯胎素烧成形后，着釉时彩绘而成。图中瓷娃身材略小，胎质与坐娃相同，均系粗泥模制。图左站立童子体形最高，手托花篮，童子头部的发髻上，艺人以写意手法，绘出两条红色彩带。整体体现出传统民间色彩的特点，至今在民间玩具中仍保持不变。

撒土浑谋克印

高5厘米，边长6.1厘米。吉林九台市庆阳村出土。印面为汉书九叠篆"撒土浑谋克印"，印钮左面楷书"少府监造"，右面"大定九年七月"，钮顶有一"上"字。撒土浑谋克在纳里浑猛安管辖之下。猛安、谋克为女真氏族社会部落联盟组织。首领称"勃极烈"。

石力排众议，他说："军队和人民都一样重要，国家应当以法纪为准绳，法纪不明，所以下面敢轻易冒犯。应当按照法纪，秉公决断，这才是长治久安的办法。"他派出官员妥善处理了军民之争。

老糊涂

李石久涉朝政，参预军国机密大事，功勋卓著。但随着年龄的增长，他也有点倚老卖老，凡事都要说三道四，皇帝对他渐渐产生了反感。世宗私下对大臣说："李石老糊涂了，所奏的事情都很不妥当，不知道他怀有什么私心。以后国家大事还得靠你们多尽心。"世宗还当面对李石说："你年纪大啦，以后小事情就不要多麻烦了。"让他少插手朝政。李石年轻时家境贫困，世宗的母亲曾给予接济，李石坚辞不受，说："国家急于用人，我当发愤努力，穷一点没关系。"可当了大官后反倒用过时的支帖冒领俸粮，受到查处，还遭到同僚的讥笑。为了贪这点小便宜，坏了一世英名，真是可惜。

公元1140年

法兰西路易七世与教皇英诺森二世为部尔日大主教区发生争执。

○二四

完颜昂　岳飞
海陵　　韬晦

《金史·完颜昂传》

人物　关键词　故事来源

完颜昂以酒自晦

独夫专制，令大臣装疯卖傻；
韬光养晦，完颜昂位至三公。

海陵好猜忌，他在位时大臣动辄得罪，轻则受皮肉之苦，弄不好就送了性命。大臣完颜昂却靠醉酒装傻躲过了这场祸害。

岳飞中计

完颜昂是前朝功臣，他早年就随太祖阿骨打南征北战，立下赫赫战功。太祖曾赐他金牌，人称"金牌郎君"。此人有勇有谋，曾多次与南宋抗金名将岳飞较量。1139年夏，岳飞率领十万大军，号称百万，进攻东平。完颜昂带着五千兵士仓促迎战。敌强我弱，完颜昂便唱起了空城计，当时城外桑树长得十分茂盛，完颜昂派人在树林中竖了好多军旗，作为疑兵，自己带领精兵出阵迎战。岳飞吃不准金兵虚实，不敢贸然进军，相持数日后，引兵后撤。岳飞的军队乘船沿着河水逆流而上，金兵在后面追袭。当时连日大雨，完颜昂命令部队在河边扎营。

到半夜三更，完颜昂忽然下令拔寨北撤。众将大为不满，说："军士一路上踩着泥淖，又饿又累，这么急着走，太为难他们了。"完颜昂板着脸不理他们，亲自擂鼓催促，下令道："等到鼓声停止，谁还迟疑不走就斩！"于是金

兵弃营而去，一直朝北走了二十多里才止步。那晚，岳飞带领宋兵前来劫营，结果扑了个空。众将向完颜昂庆贺，问他怎么料事如神。完颜昂答道："宋军如沿河而下，那才是逃跑。他们溯流而上，是引诱我军去追。这些天大雨不断，道路泥泞，他们在船上安然无恙，我们在陆地行走可不一样，士卒又饥又累，淋湿了衣服，淋坏了弓箭。而且我军处在下游，地势不利，所以我料定岳飞必来劫营。"众将无不佩服。

岳飞又以十万大军包围邳州，城中守兵才一千多人，守将非常恐慌，派人向完颜昂求援。完颜昂对来人说："快去告诉守将，我曾经到过邳州，城中西南角有条一丈多深的沟，快点用土把它填实。"守将照他的吩咐把深沟填没了。岳飞果然打算从这里挖地道攻城，看到城中已有防备，就放弃了。完颜昂同时发兵救援，岳飞只得撤退。

嗜酒保命

海陵南下伐宋，完颜昂为右军大都督，但他作战并不卖力。海陵死于兵变后，完颜昂派人杀了海陵的

金代铜则
所谓"则"，相当于现代的砝码。图中的金代铜则于金大定十五年(1175)由尚方署监造，重3962.58克，通体刻有花卉图案。

> 历史文化百科 <

〔坐井观天〕

女真旧俗，关押犯人时，皆穴地为牢。金初监狱仍沿用此法，"其狱则掘地深广数丈为之"。金占领中原后，曾下令诸州县置地牢。深三丈，为上中下三层，死囚居下，徒、流刑犯人居中，笞、杖刑者居上，外起夹城，前以濠沟重围。宋徽宗、钦宗被金军俘掳后，曾关入金人监狱，故宋人笔记小说常有"二帝坐井观天"之说，即指此。金熙宗改革官制后，地牢旧制遂废止。

公元1142年

儿子，率军北归，拥护世宗。他从扬州回到京城，妻子在家中为他设酒宴接风。才喝了几口，他就上床休息了。完颜昂的妻子是海陵的表姐，海陵当政时，完颜昂嗜酒如命，经常豪饮，有时一醉几日不醒。海陵曾当面训诫，不准他再酗酒。可是完颜昂一有机会就

金代艺术博物馆：崇福寺弥陀殿

崇福寺坐落在山西朔州市朔城区东大街，寺内主殿弥陀殿建于金皇统年间，由开国侯翟昭度负责施工，殿宇正檐下悬挂的"弥陀殿"竖匾，为金大定二十四年 (1184) 原物。大殿建于 2 米多高的台基上，通高 21 米，面宽七间，进深四间入椽。弥陀殿的门扇棂窗非常精致，镂刻透心图案纹样达 15 种之多，有三角纹、古钱纹、桃白球纹等，这些图案不仅是优秀的艺术佳作，而且对研究金代建筑装饰具有很高的艺术价值。整个弥陀殿集建筑、壁画、塑像、琉璃、棂窗、匾额等于一体，称得上是一座金代艺术博物馆。图为弥陀殿的门扇棂格。

浅棕色印金罗腰带

金齐国王完颜晏夫妇墓出土，长 403.6 厘米、宽 7.1 厘米。

喝得酪酊大醉。此刻见他放着美酒不喝，妻子感到很纳闷，便问是何缘故。完颜昂答道："我并不嗜酒，但当时要是我不借酒装疯卖傻，韬光养晦，你弟弟海陵还不早把我斩了。如今明君在位，理当自爱，所以我也不多喝了。"

完颜昂数朝为官，位至三公，但他慷慨好施，穷亲戚上门，总是解囊相助。他曾把家中的财物，全部赠予他人。有人劝他留点给儿女，他说："人各有命，儿女只要能自立就可以了，何必要去为子孙做牛马呢。"说得多么潇洒！

从上述几件事可以看出完颜昂是个相当精明世故的人，可是旧史家却对他评价不高，说他光顾明哲保身，有失大臣之道。在他们看来，大概只有做到"文死谏，武死战"，才是十全十美的忠臣。人们往往不去指责专制暴君，却对苟活于专制暴政下的臣民如此求全责备。

石琚 金世宗 识才

《金史·石琚传》

人物 关键词 故事来源

〇二五

石琚知人善任

知人最为难事，石琚推举的人往往都能胜任官职。

贵比皇亲

金代制度规定皇室内宴除了亲王、公主和驸马外，他人没有资格参加。金世宗有一次举办内宴却把大臣石琚请到了上席，与宴的皇亲国戚大为不满，交头接耳，议论纷纷。世宗猜到他们在议论什么，就说："使我父子家人三亲四戚得以安然无事，今天能在这里欢宴取乐的，正是靠此人之力呀！"然后列举了石琚的数十件功劳，说得大家心服口服，都跪在地上请罪。

石琚出身将门，他的父亲石桌曾跟从鲁王进攻青州，守城的将士奋力抵抗，鲁王大为恼火，城破后下令士兵烧杀抢掠，石桌竭力阻止道："为了朝廷的长远之计，大王应当安抚百姓，如果攻下一城就纵兵杀掠，那么尚未攻克的城镇必然要拼死抵抗。"鲁王感悟，急忙下令骚扰百姓者以军法论处。并对石桌说，你的子孙将来肯定大有出息。

石琚确实继承了父亲的遗风，他为人沉静厚重，读书过目成诵，博通经史，工于词章。曾以第一名考中进士。他当县官时，上司因贪赃枉法遭到查处，其他官员都受到牵连，独石琚一人以廉洁自守而得到好评。世宗十分赏识石琚的为人，将他提升为吏部尚书。

知人最难

石琚在吏部十年，对国家大事多所规划，深得世宗器重，请他当皇太子允恭的老师。石琚就以太子少师的身份请皇帝让太子学习政事。有人向世宗诋毁道："石琚是希望向太子邀宠。"世宗经过观察，觉得石琚并无私心，就把此事告诉了他。石琚说："陛下信任我，让我当太子的老师。臣以为太子是天下的根本，应当使他了解民情，关心政治，所以才提了这个建议。如今既然引起非议，就请解除我太子少师的职位。"

世宗在位一直没立正宫，晚年曾想把南阳郡王李石之女元妃扶正，就去询问石琚对此事的看法。石琚屏退左右后问世宗："立元妃为后，本来倒也没啥可说的，但是东宫的皇太子怎么办呢？"世宗愕然问道："这是什么意思？"石琚说："元妃有亲生的儿子，她一旦成了皇后，东宫皇太子的地位不就岌岌可危了吗？"世宗想想确有道理，从此不再提立皇后的事了。

石琚当吏部尚书时，先后向世宗推荐了不少人才，石琚年老退休后，世宗对他十分怀念，他对宰相说："知人最为难事，石琚在朝时推举的人往往都能胜任官职，唯石琚最为知人。"

金代李山《风雪松杉图》（局部）

《风雪松杉图》，金李山绘。李山，平阳（今山西临汾）人，生平不详，只知道他曾于大定中出任汾州节度使，泰和间入直秘书监，与王庭筠父子有交往。《风雪松杉图》为其代表作，画中松杉挺拔，雪峰伫立，松下的茅斋里有一人围炉而坐。全画构图精练集中，立意别出心裁，呈现出在野文人慵懒、闲适的生活情趣。

▷历史文化百科

〔辽代的鸡冠壶〕

在辽人使用的饮食和贮藏器中，最具民族特色的就是仿照契丹人的盛水皮囊烧制的鸡冠壶，它便于携带，保留着游猎生活的特点。

〇二六

章宗六亲不认

对 皇 上 的 失 礼 ， 可 能 会 埋 下 致 死 的 祸 根 。

皇帝老婆多，儿子多，家庭纠纷也多。世宗齐家治国堪称明主，史书说他天资仁厚，保全宗室，无所不至，人称"小尧舜"。但他也没有料到，两个亲生儿子，会死在自己的孙子手里。

世宗最喜欢的儿子是皇后乌林答氏所生的长子允恭，把他立为太子。允恭为人厚道，素孚人望，不料还未继位，就生病死了。世宗就把皇位传给了孙子完颜璟，是为章宗。章宗喜欢舞文弄墨，也颇有才气，但气量不大，对他的叔伯尤其看不惯。

永蹈谋反

叔叔永蹈为元妃李氏所生，章宗即位后将他封为卫王，后来又迁封郑王。永蹈对章宗的安排很不满意，但又不敢轻举妄动。家奴毕庆寿就对他说："郭谏给人相面很准。"永蹈就请郭谏给自己和妻儿相面。郭谏见永蹈就说："大王相貌非凡，王妃和两个儿子来

日都将大贵。大王是元妃的长子，与诸王可不一样。"

永蹈给他说得有点心动，就召崔温、马太初等人来探讨天象，预卜凶吉。崔温说："丑年有兵灾，属兔的人来年春天当收兵得天下。"郭谏在一旁推波助澜说："我昨夜观察天象，看到赤气冲犯紫微，白虹贯月，这些都表示将发生军事政变。"永蹈信以为真，决定着手谋反。他勾结太监郑雨儿，叫他暗中监视章宗的动静，还派郭谏和马太初向军方游说。

永蹈的家奴董寿感到此事关系重大，劝永蹈不要轻举妄动，永蹈不以为然。董寿就向另一个同事千家奴谈了此事，想不到千家奴怕受牵连，向朝廷告发永蹈谋反。章宗大怒，下令将

金代名医张从正

张从正（约1156—1228），字子和，号戴人，睢州考城（今河南兰考东）人，金代的著名医家，"金元四大家"之一的"攻下派"的创始人。金兴定年间（1217—1222）曾被召为太医，但不久就辞职了。他继承了刘完素学说并有新解，治病以祛邪为主，认为"先论攻其邪，邪去而元气自复"。善用"汗、吐、下"三法，以为三法能兼众法，切责医师滥用补药与平稳药贻误病人之非。所著有《儒门事亲》。

《金史·完颜永蹈传》《金史·完颜永中传》 完颜永蹈 完颜永中 完颜永璟中 残忍

人物　关键词　故事来源

永蹈一伙严加审讯。案子牵连到很多人，久久不能结案，章宗十分生气。右丞相建议尽快判决以安人心，于是皇帝下诏，赐永蹈和妃子、两个儿子、一个女儿自尽，崔温、郭谏之流全都诛杀。此事对章宗刺激很大，从此他对叔伯诸王防范更严，猜忌更深。

永中冤死

如果说永蹈之死咎由自取，永中死得就有点冤了。永中母亲张氏生下他就死了，世宗即位后，追封张氏为元妃。1179年，世宗将皇后乌林答氏的墓迁葬到坤厚陵，永中母元妃张氏陪葬。举行葬礼的队伍从磐宁宫出发，永中看到他母亲的灵柩在前，就吩咐执黄伞的仪仗队在前面开路，而黄伞的仪仗是皇后专用的。当皇后的灵柩出磐宁宫时，皇太子允恭光着脚在前，负责葬礼的太监

元急递铺令牌

元代有蒙古站赤和汉地站赤之分，所谓"站赤"，即驿站。蒙古站赤属通政院管辖，汉地站赤属中书省兵部管辖。除此之外，朝廷还设立了许多急递铺专门负责公文的传递。图为急递铺使用的凭证——令牌。

> 历史文化百科 <

〔女真人的姓名〕

女真人有姓、名、字，初生时还有小字。如章宗姓完颜，名璟，小字麻达葛。名还有本名和汉名之分，如太祖阿骨打，汉名旻。本名用于彼此称呼，汉名用于诏、令、章、奏。

张仅言找不到黄伞仪仗，急得火冒三丈。葬礼结束后，张仅言要向皇帝告状，被允恭劝阻，他说："何必计较呢，可能是执伞的自己搞错了。"允恭厚道，但他儿子（章宗）却认为伯父永中是故意失礼，使他们难堪。

章宗即位后次年，他的母亲病逝。他的几位叔伯都迟迟不来奔丧，章宗认为这是他们故意轻慢，十分恼火，将迟到的叔叔永成、永升各罚俸一月。永中正好重感冒，过了一个月才从外地赶来，章宗冷冷地对伯父说："事情都快完了，你何必再来呢。"永中碰了一鼻子灰，却不知这次失礼已埋下了致死的祸根。

永蹈谋反被镇压后，章宗加强了对诸王的控制，给永中派了好几个副官，名为协助，实为监视。游猎宴请、家人出入都受到约制，有一位官员私下拜访了一次永中，竟被杖责一百，还丢了乌纱。永中心里想自己是世宗长子，年已半百，名为郡王，却连行动的自由也没有，整天闷闷不乐，难免口出怨言，马上被人报到皇帝耳中。永中的四子阿离合懑因为发了几句牢骚，也被人告发，下了大狱。二子神徒门在诗词里抒发了胸中的愤懑，也遭到酷吏的追查审问。

不久，家奴德哥又揭发永中"谋反"，罪状是有一次永中对侍妾瑞雪说："我得了天下，我的儿子就可封王，你就是妃子。"于是章宗下诏逮捕永中严加审讯。章宗将永中的罪状向百官公布，章宗还假惺惺地说："永中只是语言得罪，与永蹈以行动谋反应有所区别。"参知政事马琪说："永中和永蹈罪状虽异，但他们蔑视皇帝则是一回事。"章宗又问："永中为何老是口出狂言？"左丞相清臣答道："因为他早就想犯上作乱了。"于是，这帮善于揣摩皇帝心意的大臣一致论定应将永中处死，以绝后患。这正合皇帝心意，章宗下诏"赐永中死"，永中的两个儿子也一起论斩。

章宗杀了叔伯，自以为天下无事了，他哪知螳螂捕蝉，黄雀在后，报应不久就会降临到他的头上。

〇二七

李妃妙对

二人土上坐，孤月日边明。

金朝在章宗统治时期达到鼎盛，金章宗也是金朝皇帝中汉文水平最高的。他喜欢吟诗作画，更喜欢擅长吟诗作画的美女，李师儿就是章宗最宠爱的妃子。

才貌双全

李师儿出身微贱，她家因有罪被没入宫中做奴仆，她以监户女子入宫。文人张建当时在宫中执教，学生是一群宫女。上课时，为了男女有别，按规矩要以一道青色的纱幔将教师和女学生隔开，师生看不清对方的面容，隔着纱幔提问解答。李师儿声音清亮，

金章宗《告诸姬》书

金章宗重视汉文化，尤其喜好书法、绘画，书法仿宋徽宗瘦金体，几可乱真。金章宗，名完颜璟（1168—1208），小字麻达葛，世宗完颜雍孙，完颜允恭子。他喜爱汉文，能书画，先后封为金源郡王、原王，判大兴府事，尚书右丞相。世宗因为太子完颜允恭早逝，立他为太孙。世宗于公元1189年正月病死后，他于同日在灵柩前继位，第二年改年号为明昌。章宗即位后，大兴郡学，提倡儒术，进一步采用汉族礼仪服饰，提倡女真族和汉族通婚，促进了民族融合。公元1206年，南宋丞相韩侂胄派兵北伐金国，章宗击败了宋朝的北伐，并逼宋朝杀死韩侂胄以议和。章宗是金朝汉文化水平最高的一位皇帝，诗词创作甚多，又爱好书法、绘画，在朝中设立书画院，搜集散佚的书画和书画名品。公元1208年11月，章宗病死，在位十九年，终年四十一岁。庙号为章宗，谥号为英孝皇帝，葬于道陵（在今北京市房山区大房山东北）。

悟性极好。章宗问张建谁学得最快。张建说，那个声音清亮的女子学得最快最好。太监梁道也在皇帝面前称赞李师儿才貌双全，劝章宗纳李为妃。李师儿通汉文，会赋诗作画，能歌善舞，又聪明伶俐，善解人意，大受章宗宠爱，不久就被封为淑妃。

有一天章宗和李妃到皇家花园（今北京北海公园）中游玩，两人相携来到琼华岛的梳妆台前坐下赏月，章宗诗兴大发，口出上联："二人土上坐"，李妃不假思索随声应道："孤月日边明。"章宗禁不住拍案叫绝。"土"上有两个"人"字组成一个"坐"字，章宗的上联道出了眼前的情景。李妃以月比喻自己，以日比喻皇帝，"日、月"两字合而成"明"，对得绝妙，且寓意深长。

元妃得宠

章宗、李师儿两人情投意合，看似一对幸福的夫妻，但皇帝自有皇帝的烦恼，皇帝的家庭从来就是最不太平的。章宗的皇后死后，一直没有立后，就想立李师儿为皇后。不料大臣们纷纷上书反对，理由是皇家向来只与各部族的世家大族结为婚姻，李师儿出身低微，当皇后有损皇帝威严。章宗不得已，只好退而求其次，将李师儿封为元妃，内心将她视同皇后，更为宠爱有加。

李师儿受宠，她的家人自然也就成了皇亲国戚，她的父亲被追赠为金紫光禄大夫、上柱国，连她的祖父、曾祖父也都得到追赠。她的哥哥喜儿曾经当过强盗，弟弟铁哥也是二流子，此时摇身一变都成了高干子弟，在朝廷中飞扬跋扈，一帮小人纷纷向他们拉关系走后门，搞出不少贪赃枉法的丑闻。大臣们敢怒而不敢言，章宗明知这些家伙不像话，但禁

公元 1153 年

世界大事记

拜占庭帝国与匈牙利人讲和。诺曼底人进攻帝国本部，以舰队运兵在君士坦丁堡附近登陆。

《金史·后妃传下》

李师儿　金章宗
张建　善思

人物　关键词　故事来源

不起李师儿枕边吹风，也就对他们睁一眼闭一眼了。

有一次章宗在宫中设宴，有人问参加表演的戏子："国家近来有什么吉兆？"戏子说："你没听说最近出现了凤凰吗？"那人说："是有那回事，可不知详情如何。"戏子答道："凤凰飞向四个不同的方向，有着不同的象征。它向上飞则风调雨顺；向下飞则五谷丰登；向外飞则四国来朝；向里飞则加官进禄。"章宗知道这是在影射有人靠裙带关系升官发财，但也只是笑笑就不了了之了。

富贵到头一场空

章宗的皇后和妃子共生过五个皇子，但很快都死了。李妃为章宗生出第六个儿子，章宗喜出望外，在宫中大摆宴席，群臣纷纷上表庆贺。皇子才满周岁就封为葛王。三岁时，章宗请来僧人道士在玄真观设醮，祈求上帝保佑皇子。文武百官进酒送礼，忙得不亦乐乎。不料，没满两岁，皇子又死了。

章宗一直到死都没再有儿子，在母以子贵的时代，章宗一死，李妃也就大难临头了。在新皇帝的示意下，有人以种种罪名上告李妃。不久，她就被迫自尽，她的老娘也被正法，兄弟被罢官，流放远疆，真是富贵到头一场空。

精美绝伦的金代广惠寺花塔

广惠寺花塔位于河北正定县民生街东侧，又称多宝塔，始建于唐德宗贞元年间，金大定年间重修，明清两代皆有修葺，现存花塔为金代建筑。由主塔和附属小塔构成，全用砖砌。主塔底层四隅各附建一座六角形亭状小塔，小塔环抱主塔，高低错落，主次相依，精巧华丽，壮观秀逸。主塔是一座楼阁式建筑，通高31.5米，分四层，各层檐下均配置华丽仿木构斗拱。第一至三层平面作八角形，底层中部有砖制圆拱形洞门。第四层平面呈圆形，是塔的主要部分，其高度约占全塔通高的三分之一。内檐塔室供奉两尊石佛，外檐以八面八角垂线为中心，交错彩绘浮雕状虎、豹、狮、象、龙、佛像及楼台亭阁等壁塑，精美绝伦。

完颜永济
金李师宗儿
《金史·完颜永济传》
狡诈
人物 关键词 故事来源

公 元 1 1 6 1 年

〇二八

中国大事记

大定元年，六月，海陵王迁都汴京。九月，海陵王统三十二总管兵攻宋。十月，东京留守曹国公乌禄即位于辽阳，改元大定，是为世宗。十一月，海陵败于采石矶，旋即为部将所杀。

章宗绝后

章宗精明一世，没想到亲骨肉却被其既定接班人扼杀在娘胎之中。

章宗杀了永蹈、永中两个叔伯，巩固了自己的地位，他自然想把皇位传给后代。但令他失望的是六个儿子都先后夭折，直到临终竟没有一个皇子。

卫绍王为帝

好在章宗喜欢的两个宫女贾氏和范氏已有孕在身。但此时章宗已病得不轻，整天咳嗽不止。在他的叔辈中，章宗最喜欢卫绍王完颜永济，因为永济看上去为人柔弱，笨头笨脑的。章宗便打算让永济来继承皇位，同时公布遗嘱，"宫人贾氏、范氏均有身孕，如果其中有一个男孩，叔王应将他立为皇位继承人。如果两个都是男孩，就从中选择一个。"章宗心想永济柔弱无能，不会成为他儿子将来继承皇位的障碍。但这只是他一厢情愿的如意算盘。

章宗死后，李师儿遵照遗嘱，与大臣商议后，立卫绍王为帝。但卫绍王对李师儿并不领情。原来章宗在世时有一次和卫绍王一起玩球，卫绍王急着要走，章宗随口说："叔王难道不想做主人，干嘛急着要走？"在一旁的李师儿对章宗说："陛下，这种话怎么能随便说。"卫绍王由此怀恨在心。

胎死腹中

卫绍王上台不久，就颁布诏书说："章宗皇帝把国家交付给我，并立下遗旨说两位内宫已经怀孕，如得男孩则立为皇太子。我虽无能，但诚心诚意遵照遗旨办事，尽心尽力不敢稍有怠慢。为她们选择安静的地方居住，派人日夜侍候。昨天听说她们不舒服，特派大臣前往护理。今天大臣奏言：贾氏预产期已过了三个月，仍未分娩。太医前年就诊断范氏胎气有损，调治至今，身体虽已复原，胎儿却不幸流产。现在范氏自愿出家当尼姑，只得遵从她的选择。幸亏贾氏还有希望，但愿先帝在天之灵保佑她早生圣嗣。现将此事告白天下，表明我的一片诚意。"

得志便猖狂

明眼人一看就知，卫绍王的诚意不过是此地无银三百两罢了。果然，没多久皇上又下圣谕："最近有人上诉先帝元妃李氏暗中捣鬼，有负皇恩。章宗生病时，李师儿与她的母亲和太监密谋，准备指使宫女诈称怀孕。贾氏正好生病呕吐，腹中似有硬块。李师儿就指示贾氏伪称已有身孕，打算到时候从李家送一个婴儿来冒充皇子，真是罪大恶极。李师儿嫉妒成性，平时章宗到别的妃子和宫女那里，她就指使女巫做纸人，暗中诅咒，要让皇帝绝子绝孙。章宗病危期间，李师儿不尽心侍候，东窜西跳到处串连，忙于和她的老娘兄弟搞阴谋诡计。现在事已败露，经过大臣的审查，他们也已供认不讳。按照法律应处以极刑，我念其久侍先帝，想免她一死。但王公百僚坚持要法办，今赐李氏和贾氏自尽，以示宽大，同谋该杀的杀，该判的判，严惩不贷！"

除掉了李师儿和贾氏后，卫绍王便迫不及待地立自己的长子为皇太子。这个冤案直到卫绍王垮台，宣宗即位才得以平反，宣宗说："章宗圣德聪明，难道连自己的宫女是否怀孕都不清楚吗？"章宗精明一世，没想到亲骨肉却被其既定接班人扼杀在娘胎之中，绝了后。

> 历史文化百科

〔海东青和鹰路〕

海东青是雕的一种，善捕水禽小兽，辽代以海东青捕猎天鹅为皇帝春猎的重要节目。鹰路就是从上京通往五国部（生女真）的道路，也是保证向皇帝贡纳"海东青"的通路。辽中期以后，五国部多次反抗契丹的统治和压迫，致使鹰路受阻。

胡沙虎 高琪
完颜茂珣 内乱
《金史·胡沙虎传》

人物 关键词 故事来源

〇二九

卫绍王灭绝章宗的后代，可他还没来得及把皇位传给儿子，自己就死在权臣胡沙虎的手中。

权臣擅杀

宫廷政变频繁，权臣相互残杀，而此时蒙古兵的马蹄声已日益逼近了。

养虎贻患

胡沙虎早年做过皇太子的护卫，后来一直在军队中当官。他长得身高力大，为人骄横跋扈，酗酒嫖妓，贪污中饱，无恶不作。就是这样一个坏事做绝的家伙，偏偏受到卫绍王的重用。尽管胡沙虎几次受得大臣的弹劾，但他善于拉拢皇帝的近臣，自有一帮人为他美言开脱，多方回护。当时蒙古军连年入侵，经常在中都（北京）附近大肆抢掠。卫绍王对胡沙虎委以重任，让他当副元帅，带领五千人马屯兵城北。胡沙虎不问军事，整天饮酒打猎，寻欢作乐，还勾结一伙军官准备伺机谋反。皇帝遣使至军中加以指责，正在饲鹰的胡沙虎恶狠狠地把手中的猎鹰掷死在地，决心发动政变。

胡沙虎兵分三路向首都进军，他先遣一骑到东华门大呼："蒙古军已到北关，正和我军激战。"想以此赚开城门，同时派人把大兴府尹南平骗出。南平骑着马遇到胡沙虎，还没明白怎么回事，被胡沙虎一枪刺下马。胡沙虎亲自来到东华门叫守城亲军开门，许以高官厚禄，守城将士不加理睬，胡沙虎下令放火焚烧城门。城里的士兵看大势已去，就砸开铁锁，投降了叛军。胡沙虎入宫后，取出国库中的财宝，奖赏部下，召来声妓，大开宴席。他自称监国都元帅，派太监李思忠杀死卫绍王。

胡沙虎本想自己做皇帝，但他不属完颜氏，唯恐他人不服。右丞相徒单镒趁机进言说："翼王是章宗之兄，年已五十，宽仁老成，如果元帅拥立他，乃为万世之功。"胡沙虎心想一个干老头不难对付，于是就将翼王完颜珣立为帝，后史称宣宗。

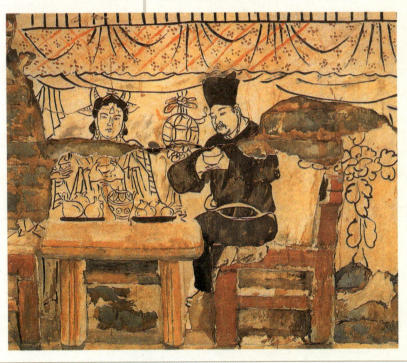

河北井陉柿庄金代壁画墓里的《宴饮图》(摹本)

中国大事记

大定五年，正月，金、宋议和成，宋称侄皇帝，割海、泗、唐、邓、商、秦等地与金。岁贡金银20万两、绢20万匹。

前门去虎

从此胡沙虎以功臣自居，宣宗封他为太师、尚书令、都元帅。胡沙虎每次上朝，宣宗都要赐坐，他也毫不客气。胡沙虎内政外交一把抓，权势炙手可热。蒙古骑兵逼近首都，他瞒着皇帝不报。一个宰臣上奏此事，宣宗质问胡沙虎，胡沙虎答道："我自有安排，你就不必操心了。"然后找那个宰臣算账，他说："我是尚书令，你怎么可以先不和我商议就急于上奏？"吓得宰臣告罪求饶。

元帅右监军高琪与蒙古军交战，接二连三地吃败仗。胡沙虎十分恼火，斥责道："今日出兵再打败仗的话，我要按军法论处，砍了你的脑袋！"高琪出战又败，心想与其回营送死，不如拼死一搏，干脆率军冲入城内，包围胡沙虎的府第。胡沙虎执箭与乱军对射了一阵，然后跑到后院，欲翻墙逃走，慌忙中摔断了大腿，军士赶上前，把他乱刀砍死。胡沙虎才当了两个多月的尚书令就这样一命呜呼了。

后门进狼

高琪提着胡沙虎的首级，到朝廷请罪。宣宗本来就看不惯胡沙虎的专横跋扈，高琪之举，正合心意，不但没有责怪高琪，反而让他升为左副元帅。

高琪比胡沙虎也好不了多少，一朝权在手，便把令来行。他在朝廷中大肆安插亲信，对那些有才能但不肯依附自己的官员，表面上加以褒奖，暗地里狠下毒手，必欲置于死地而后快。高琪如此作威作福，令众臣侧目。太府监臣游茂在密室中劝宣宗说，高琪威权太重，应加以抑制。宣宗心中也对高琪不满，但认为要除掉他时机尚未成熟，就装糊涂说："既已委之重任，他的权怎么会不大呢？"

游茂吃不准皇帝的意图，回家后越想越怕。于是转而去巴结高琪，他来到高琪的府中，劝高琪说："做宰相的最怕引起皇上的猜疑，招致外人的非议。我看皇上对你权势太重已产生厌恶，相公如能重用我，我将使皇帝放心用你，别人也没话可讲。"高琪知道游茂曾秘密上奏，多了个心眼，干脆把游茂的话捅了出去。结果游茂被杖责一百，差点送了命。

权臣命短

监察御史完颜素兰也向宣宗秘密上书，他说："高琪本来就没有什么大的功劳，口碑又坏，只是怕死而杀胡沙虎。现在他妒贤嫉能，残害忠良，结党营私，窃弄国权，目无今上，高琪的罪恶和胡沙虎相比，有过之而无不及，内外臣民见他恣意妄为，骄横跋扈，无不扼腕切齿，恨不得一刀斩了他。对这个祸国殃民的家伙，陛下为何还不忍心下手？为了保国安民，希望陛下果断除掉这个奸人。"宣宗对素兰的建议表示赞许，但他还是说："让我再仔细考虑一下。"临别时还特意关照素兰，此事你知我知，千万不可泄露出去。

后来高琪和他老婆吵架，怕她把他的奸恶公之于世，就指使家奴赛不杀了妻子，然后归罪赛不，送到开封府杀了灭口。事情败露，宣宗这才下诏杀了高琪。

频繁的宫廷政变，权臣的相互残杀，反映了金朝内部政治的混乱，封建纲纪已无法维持，而此时蒙古兵的马蹄声已日益逼近了。

历史文化百科

〔契丹婚礼中的母系社会遗风〕
辽代皇帝纳后典礼要由女性（奥姑）主持。公主出嫁时要陪嫁送终车、祭羊和覆尸仪物等，把女子出嫁后的生老病死仍视为自家事情。

抹撚尽忠殉国　完颜承晖
金宣宗　完颜亡国
《金史·完颜承晖传》

人物　关键词　故事来源

中都失陷

中都沦陷，大金帝国的末日已屈指可数了。

蒙古大军的兵临城下，吓得金宣宗寝食不安，他决定屈辱求和。入侵者索取了大量的金银珠宝，御马三千匹，绣衣三千件，童男童女各五百，外加一个公主。金以如此昂贵代价换取了蒙古兵的暂时北撤。

仓惶出逃

蒙古军走后，宣宗心有余悸，打算离开中都燕京（今北京），迁都南京（今开封）。左丞相徒单镒劝道："车驾一动，北路都要失守。现在最佳方案是聚集兵力，备足粮草，固守京师。怎么能抛弃祖宗的山陵宗庙南下逃跑呢？"另一个官员也指出："河南地狭土薄，万一宋、夏联手进攻，河北之地都将不保，应当选诸王分别镇守辽东、河南。千万不可离开中都。"四百个太学生也联名上书劝阻南迁。但宣宗执意要走，他说："燕京缺粮，不能供应，朝廷百官暂住南京。等两年后，粮食储备充足了再回来也不迟。"1214年五月，宣宗下

诏南迁。三千匹骆驼满载着宫室的珠宝，三万辆马车运着官方文书先行，皇帝带着群臣仓惶逃往南京（今开封）。这一走也就意味着金朝走上了灭亡之路。

承晖殉国

宣宗行前任命完颜承晖为尚书右丞相兼都元帅，抹撚尽忠为左副元帅，与太子守忠留守中都。七月，蒙古军南下，宣宗又把太子召至南京。承晖和尽忠则在中都保卫战中扮演了不同的角色。

1215年正月，蒙古军包围中都，承晖派人向朝廷奏书告急，他指出如果中都一失，辽东、河北都将难保，请求速发援兵。宣宗诏令中都附近的将领率军驰援，命令御史中丞李英护送粮草。结果蒙古军将援兵各个击破。李英贪酒误事，在霸州全军覆没，粮草都被蒙古军夺走。在南京总揽军政大权的高琪忌恨承晖成功，不再向中都增派援兵，中都岌岌可危。

金中都水关遗址

水关是古代城墙下供河水进出的水道建筑。金中都水关遗址位于北京右安门外，是一处正南北方向的木、石结构建筑，上半部已经被毁掉，现只残存基础部分。遗址残长43.4米，过水涵洞长2135米，宽7.7米。从堆积层的叠压关系可以看出该水关在元代早期还在使用，至元代中晚期毁弃。

> ＞历史文化百科＜

〔分地保地〕

金朝封亲王（国王）者多为皇室宗亲，郡王、国公以下可以加封于外姓或外族官员，但无论王公皆无封地，只是依爵食禄而已。金晚期，蒙古军大举南侵，金宣宗被迫迁都至汴京，河北、山东相继沦陷。迫于形势，臣僚建议招募各地豪杰兴兵自保，能收复一道一州，就让他就地当官，甚至不惜授予公爵。兴定四年（1220）二月，宣宗分封河北、山东、河东的地方官吏和土豪等九人为公，兼本路宣抚使，赐号"宣力功臣"，特许他们设置公府，统领本路兵马，任命官员、征敛赋税、赏罚号令都听从自便。这个事件史称"九公封建"，分土是指望他们抵抗蒙古军，收复失地。金末，九公有投宋降蒙者，也有英勇抗蒙不屈而死者。

中国大事记

大定二十九年，正月，金世宗死，皇太孙完颜璟（金章宗）即位。六月，建芦沟桥。

元李杲

承晖从小熟读经史，是个书生。他看尽忠久在军旅，就把军事指挥权委托给尽忠，自己总揽大纲。两人相约要誓死保卫中都。眼看中都危在旦夕，承晖就到尚书省和尽忠商议如何死守，不料尽忠却正和手下心腹密谋南逃。话不投机，承晖一怒之下回到自己的府第。他越想越气，就叫来尽忠的亲信元帅府经历官完颜师姑，对他说："我以为尽忠善于作战，就把兵权委托于他，他也曾答应和我一起与中都共存亡。可他现在却又变卦，打算出逃，行期在哪天，想必你不会不知道吧。"师姑说："今天傍晚就要动身。"承晖问："你的行李也打好了吗？"师姑道："都已办好。"承晖脸色一变，厉声质问："那么国家怎么办呢？"师姑哑口无言。承晖大怒，下令将师姑推出斩首。

承晖悲愤难已，他来到家庙拜别先祖，然后召来部下一起饮酒。他说："事情已到这种地步，唯有一死以报国家。"他写了遗书交给尚书令史师安石，让他上报朝廷。遗书论及国家大事，指出高琪窃弄权柄，挟私报复，包藏祸心，终害国家。同时以自己不能保

住中都而向皇帝引咎谢罪，然后把家中的财产全部给奴仆，并给他们开了从良的证书。仆人们禁不住失声痛哭，承晖神色泰然，端着酒杯对安石说："我从小接受儒家经典的正统教育，一生谨守力行，从不弄虚作假，欺世盗名。"言罢一饮而尽。然后又拿起笔写了一张条幅，与安石诀别。他发现最后两个字写得顺序颠倒了，投笔叹息道："字也写不好，难道我已神志不清了吗？"就对安石说："你走吧！"安石刚出门，听到身后一片哭声，回去一看，承晖已经喝毒药自杀身亡了。

金代名医李杲（上图）

李杲（1180—1251），字明之，号东垣老人，镇州（今河北正定）人。金代医学家，"金元四大家"之一的"脾胃学说"的创始人。李杲曾师从张元素学医。其医论以为饮食不节、劳役所伤及情绪失常，易致脾胃受伤、正气衰弱，从而引发多种病变。对于发热的疾病，应分辨"外感"或"内伤"，对邪正的辨证施治应有明确的区别。治法上重视调理脾胃和培补元气，扶正以驱邪，强调脾胃在人身的重要作用。因为在五行当中，脾胃属于中央土，因此他的学说也被称作"补土派"。主要著作有《脾胃论》、《内外伤辨惑论》、《兰室秘藏》等。

公元1189年

<table>
世
界
大
事
记 | 中国造纸术经中亚细亚、巴格达、大马士革、北非等地传入法国。法国南部的埃罗城始以中国造纸术设工厂造纸。
</table>

尽忠误国

当天晚上，抹撚尽忠弃城而去。当时在中都的嫔妃知道尽忠准备南奔，便打点好行装等在城门口，希望尽忠带她们一起南逃。尽忠出城时假惺惺地对她们说："我先行一步，为你们开路，回头就来接你们。"那些嫔妃信以为真。尽忠就带着亲信和爱妾出城南逃，一路马不停蹄，再不回头。一直逃到不见蒙古军踪影，尽忠才对身边的亲兵说："要是带上那些娘们，我辈岂能逃到此地？"就在尽忠出逃的当天，蒙古大军进入中都城。

尽忠逃到南京后，宣宗并没有马上追究他丢失中都的责任，仍然让他官居高位，但对他多少有点疏远。尽忠心中闷闷不乐，就对他哥哥吾里也说："近来皇上对我爱理不理的，肯定是高琪从中挑拨。要是再让我掌握兵权，犯上作乱的事我也不是不敢干！"吾里也说："可不是吗。"不久有人控告尽忠企图谋反，皇帝下令把尽忠抓了起来，严加审讯。尽忠交代了和他哥哥说过的那番话，宣宗气愤地说："尽忠丢失中都，抛弃了祖宗陵园和皇室嫔妃，独独带着小老婆逃到南京，我都没有治他的罪，我哪一点对不起他？他居然扬言要杀我，真是罪该万死！"于是把尽忠兄弟俩一并诛杀。

宣宗晚年曾忿忿地说："国家大事就是坏在高琪、尽忠这帮家伙手中。"好像他自己一点没错。自海陵王迁都以来六十年间，中都一直是金朝的首都，中都的沦陷，表明大金帝国的末日已屈指可数了。

辽金元重要科学成就一览表

朝代	科学家	学科	成就
辽	直鲁古	医学	擅长针灸，著有《脉诀》和《针灸书》。
辽	耶律庶成	医学	译述《方脉书》，擅长震动疗法。
辽	贾俊	历法	制定《大明历》。
金	杨云翼	数学	著有《句股机要》、《象数类说》、《积年杂说》。
金	李冶	数学	系统研究天元术（用代数方法列方程），著有《测海圆镜》、《益古演段》。
金	赵知微	天文历数	重修《大明历》。
金	成无己	医学	著有《注解伤寒论》、《明理论》。
金	刘完素	医学	寒凉学派创始人，著有《素问玄机原病式》、《内经运气要旨论》等。
金	张子和	医学	攻下派创始人，主张"古方不能尽治今病"，著有《儒门事亲》。
金	李杲	医学	补土派创始人，创内伤学理论，著有《脾胃论》等。
金	张元素	医学	著有《珍珠囊》、《医学户源》。
元	郭守敬	天文历数水利	编制《授时历》，创造、改进天文仪器近二十种。著有《推步》、《仪象法式》等。
元	王祯	农学	著有《农书》，总结了从《齐民要术》以来我国农业生产的成就。
元	朱震亨	医学	主张滋阴降火，以"养阴派"著称，著有《格致余论》、《伤寒辨疑》等。
元	窦默	医学	以针灸闻名，著有《标幽》、《指迷》。
元	瞻思	水利	著有《河防通议》。
元	杨辉	数学	著有《详解九章算法》、《杨辉算法》等。
元	朱世杰	数学	著有《算学启蒙》、《四元玉鉴》。

99

○三一

完颜合周是金的宗室，在宣宗朝位至元帅左监军。合周出身军伍，但喜欢舞文弄墨，他作的诗用词粗俗，往往成为人们茶余饭后的笑料。"雀儿参政"就是他的绰号。

别字宰相

别字宰相使繁华的京都几乎变成凄凉的坟场。

周奉命领兵去陕西抵抗蒙古军，他又畏敌如虎，致使军事重镇潼关失守。合周一败再败，按律当斩，但他是皇亲国戚，上百个皇族成员纷纷上书为他开脱求饶。宣宗说："合

败事有余

合周诗写得臭，仗打得更臭。中都被围时，宣宗命令他率军驰援，结果被蒙古军打得落花流水，气得宣宗削了他的爵位，敲了他八十大板。过了一年，合

再现苏轼名文的金武元直《赤壁图》（局部）

《赤壁图》，金武元直绘。武元直字善夫，生卒年不详，金代画家。此图取北宋苏轼名文《赤壁赋》文意，但景象极具写实兴味，嶙峋险峻的峭壁悬崖，汹涌湍急的水流波涛，江风中摇曳的树木，以及万里开阔的江天，皆极得真实生动的情状，再现出苏文中"月白风清"的景趣。

世界大事记 狄奥多尔一世与塞尔柱土耳其人缔结同盟，利用拉丁诸国内部矛盾挑拨离间，后又与拉丁王朝缔结和平条约。

完颜合周
金宣宗 金哀宗 吾睹

《金史·完颜合周传》

人物 关键词 故事来源

周上次救中都，还没到达中都就已溃败，导致祖宗陵园沦丧，罪当诛杀。我宽大处理，没要他的命。后来又委任他镇守陕西，不料他再次丧师辱国，罪上加罪，国法难容。"话虽这么说，结果还是从轻处置，让他削官回家。

雀儿参政

合周在家呆了几年，耐不得寂寞，又动歪脑筋企图东山再起。这时已是哀宗当朝，蒙古军的铁骑逼近南京（今开封），城中严重缺粮。本来可以从外地调运，合周却向皇帝出了个馊主意，他说，京城百姓家中有粮，至少可以征得百万石小米。哀宗感到这个主意不错，就任命合周为参知政事，和左丞相李蹊共同负责搜括民间粮食。

合周亲自起草《括粟榜文》，规定每家自报存粮，成年人定量为一石三斗，年幼者减半，余粮一律交公。各家必须把存粮总数写在门口，如有虚报将严加惩治。合周起草的榜文白字连篇，其中写道："雀无翅儿不飞，蛇无头儿不行。""儿"字本应写"而"字，合周不懂，以"儿"代"而"。下属明知有误却不敢擅自改动，就将错就错贴了出去。京城的人们看了后，干脆把合周叫做"雀儿参政"。

夺人口粮

合周这个别字先生对外敌胆小如鼠，对百姓却心狠手辣。他训斥百姓："你们必须如实上交余粮，不要舍不得。否则打起仗来，城中一旦粮尽，就拿你们的老婆儿女煮了吃，到时看你还舍不舍得。"他在城中三十六个街区都派了酷吏负责括粮。其中有个完颜久住尤其残暴。有寡妇婆媳二人，自报粮食六斗，结果给查出来多了三升糠皮。久住得意地说："总算逮住了一个。"命令士兵将寡妇绑起来游街示众。寡妇哭诉道："我丈夫死在战场，为了养活婆婆，我只好掺点糠皮充饥，糠皮算什么粮食，我怎敢把它充军粮，何况三升只不过是六斗的一点零头。求求你们饶了我。"久住根本不加理会，将寡妇活活打死。

市民得知这事后，又气又怕，干脆把多余的粮食偷偷倒入粪坑。有个大臣实在看不惯，就去找李蹊，李蹊蹙着眉头说："我也做不了主，去对参政合周说吧。"合周晃着脑袋说："常言道'花又不损，蜜又得成。'我说花不损坏，蜜怎么可能酿成。现在京师危急，你说国家重要，还是小民重要？"他大帽子压人，吓得别人再也不敢多嘴。

尽管士兵到处搜索，最终仅搜括到三万石粮食，却搞得老百姓人人自危，饿死的人横尸街头。雀儿参政使得昔日繁华的京都几乎变成萧瑟凄凉的坟场。最后皇帝不得不拿出国家粮库中的米，熬成稀粥赈济饥民。一位士大夫叹息道："与其现在赐粥，怎如当时不要夺百姓的口粮。"结果被人告发，以诽谤朝廷罪抓入大牢。这帮昏官狗皇帝往往对百姓敲骨吸髓，搞得民不聊生，然后再上演一出赈济饥民的闹剧，却不知戏演到了这一幕，离拆台散场的时间还会远吗？

金辟邪香囊（上图）
古人认为熏香能够辟邪，因此身上常佩带香囊，内置香药。图为元代的金香囊。

> 历史文化百科 <

[契丹生育习俗信仰]
契丹人极重生育，在生产前要举行佛教和原始宗教仪式。还要令人用力扭羊角，使其发声，大约认为可以起到替产妇解痛、催生的作用。

中国大事记

贞祐元年，八月，金将胡沙虎政变，杀卫绍王。九月，金宣宗完颜珣即位，改元贞祐。十月，蒙古军分三路攻金，包围中都。

○三二

卖国破家

崔立降蒙，不料自己的老婆、财产全被蒙古兵一掠而空。

1232年，在蒙古军的威胁下，哀宗逃离南京（今开封），但他扬言是出外抗敌。临行时，哀宗对守城的士兵打气说："国家的宗庙在此，壮士们虽然没有随我出征，但你们如能守住城池，将来一定有重赏。"

二相无能

丢下这样一句空话后，皇帝就走了。留在城里负责的是参知政事兼枢密使完颜申奴和副枢密使完颜斜捻阿不，人称"二相"。皇帝在外连吃败仗，南京城内人心惶惶，粮食严重短缺，甚至发生人吃人的惨状。有人质问："眼下民间人心浮动，皇帝又不在，二位相公有什么办法？"两人流着眼泪说："国家到了这个地步，我们也无可奈何，还是请大家帮忙拿主意吧。"二相如此无能，守城的西面元帅崔立乘机发动叛乱。崔立带着二百个武士冲进丞相府，拔剑怒喝道："京城危困已极，二公准备如何处置？难道就坐视百姓活活饿死吗？"二相慌忙说："有话好说，不要动武。"崔立根本不听，指挥部下杀了二相和其他许多朝臣。

崔立献京

崔立原是市井无赖，曾在寺院中当过吹鼓手，乘战乱爬上高位。他发动兵变后，就给自己加上太师、军马都元帅、尚书令等一大串头衔，让人们称他的妻子为王妃。他的一帮狐朋狗友全都当上朝廷高官。崔立身穿御衣，来到敌营，亲自向蒙古军主帅递上降书，厚颜无耻地称对方为父，企望能弄个儿皇帝当当。他还一把火烧了所有的城防装备，向蒙古军表明他不是诈降。崔立命令留在南京的官太太全部集中到中书省，每天选几个供他淫乱。

元代钧窑双耳三足炉

钧窑位于今河南禹州，因该地古属钧州，故名，是宋元时期著名的北方瓷窑。钧窑烧制的瓷器为青瓷，因釉料中掺有含铜量极为丰富的孔雀石，用还原焰烧后，产生绚丽多彩的窑变釉。这是一种二液分相釉，通体天青色与紫红色斑块错纵掩映，有如海棠、玫瑰、晚霞，肥厚润泽，极为美观。此外还有月白釉、天蓝釉等。元代除钧窑外，仿钧钧瓷的窑场也遍及河南、河北、山西、内蒙古等地，形成钧窑系。图为内蒙古呼和浩特市东郊元代丰州城遗址出土的钧窑双耳三足炉。

金哀宗 完颜申奴
斜捻阿不 崔立
李琦 完颜邪恶

《金史·哀宗纪》

人物 关键词 故事来源

敦煌莫高窟六体文字石刻
此碑发现于敦煌莫高窟，刻于元至正八年（1348），上用梵文、藏文、汉文、八思巴文、回鹘文、西夏文六体文字刻写了唵、嘛、呢、叭、嗳、吽六字真言。

崔立不光好色，而且贪财。他大肆搜括城中的金银，将那些有钱的贵妇人抓来严刑拷打，逼她们交出家中的金银财宝。好多富婆被他活活打死，有的受不了酷刑，只得自杀了事。后来，崔立干脆将皇太后、太后等皇室成员五百多人送往蒙古军营。蒙古军乘势拥入城内，崔立还站在城外欢迎，不料蒙古兵先冲进崔立家，将他的大小老婆连同金银珠宝一掠而空。崔立回家后大哭一场，却也无可奈何。

> **历史文化百科**

〔辽代贵族面具〕
辽代贵族死后要头罩面具。制作面具，要先按照戴面具者的脸型特征雕刻一木面具模型，然后把薄银、薄铜板覆盖在面具模型上，用槌打造。

槐树显灵

崔立手下有个都尉名叫李琦。李琦的妻子年方二十，姿色可人。崔立欲占为己有，就派李琦出京。李琦知道崔立常用这种手段强占人妻，每次外出就干脆把妻子带在身边。崔立无从下手，杀心顿起。

李琦决心先动手，他联合李伯渊等人于深夜在城门放火，乘混乱之机将崔立刺死。李伯渊把崔立的尸体拴在马尾上拖到皇宫前，对围观的人大声喊道："崔立贪淫暴虐，大逆不道，古今所无，该不该杀？"众人齐声应道："千刀万剐也不解恨！"于是把他的头砍了下来，到承天门去祭哀宗。愤怒的军士把崔立的心剖出，当场分食。崔立的尸体被挂在宫前的一棵老槐树上示众，树枝不能承受重量，被折断。人们说，这是槐树显灵，它讨厌恶人玷辱了自身。

二十四孝图
元朝社会黑暗，道德沦丧，贪官污吏横行。有一位叫郭居敬的孝子辑录了古代虞舜、汉文帝、曾参、董永等二十四人之孝行，编成《二十四孝》一书，并在社会上广为流传。此幅清代民间的二十四孝图类似于当时的"升官图"，是民间的一种游戏。

103

贞祐二年，金宣宗向蒙古求和，以公主归成吉思汗，并献金、帛、马匹等，中都解围。五月，迁都汴京。

○三三

哀宗的悲哀

只恨祖宗传国百年，至我而绝。

哀宗完颜守绪是金朝的末代皇帝，金至此时已如日薄西山，哀宗虽然也曾力图有所作为，怎奈大厦将倾一木难扶，最终落得个身死国亡的悲哀结局。

哀宗登基

但就是这样一个亡国之君的位子，当年也是好不容易才争来的。宣宗有三子，长子守忠，曾立为皇太子，后病死。立守忠的儿子为皇太孙，不料又早死。三子守绪被立为太子。二子守纯封为英王，他的母亲庞妃为人阴险狡诈，常为守纯年长却没被立为太子而心怀不满。宣宗临终时，身边只有一个老妇人郑氏，宣宗对她说："快召皇太子主持后事。"说完就死了。

当天晚上，皇后和庞妃前来问安。郑氏唯恐庞妃生事，就对她说："皇上正在解手，你先到别的房间坐坐。"等到庞妃进屋后，立刻把门反锁。皇后得知宣宗已死，急忙召来大臣，宣读遗诏，立太子。皇太子守绪赶进宫时，英王守纯已先到一步。皇太子急忙派三万亲兵驻扎在东华门，以备不测，同时派四个护卫将守纯软禁起来。然后急匆匆地在先皇灵柩前宣布登基。

青花釉人物造型瓷枕
此枕通高 18 厘米，1981 年在安徽省岳西县出土，现藏于县文物管理所。此枕给人的第一个感觉就是通灵剔透，枕上去该是要何等的小心才是。此枕造型为出檐殿堂式，枕面仿佛是一片白云，四周镂雕围栏，大大小小共有十八个人物，身份地位各不相同，但情态俱佳，我们可以凭着想象和发挥编出一个生动的故事来，对称的窗棂是两个大大的"孔方兄"，也可看出人们对美好生活的向往。

狂人谶言

哀宗坐稳龙椅后，将皇后尊为皇太后。百官入德隆殿庆贺，突然一阵大风将端门上的瓦片刮下屋檐，君臣都感到很不吉利。又来了一个披麻戴孝的男子，向着承天门一会儿笑，一会儿哭。围观的人问他为何这样疯疯癫癫，他说："我笑，笑将相无人。我哭，哭金国将亡。"大臣们气得要杀了那人，皇帝说："算了，我最近刚下诏书，提出要敞开言路，此人虽恶语诽谤，但不必与他计较。"司法官以君门非哭笑之所，将那人打了一顿，赶走了事。

由于蒙古军的不断围攻，哀宗感到南京（今开封）迟早不保，便打算弃城出逃。1332年6月，蒙古使臣唐庆等来到南京，要求哀宗去帝号，向蒙古称臣，邀哀宗前往议降。哀宗托病不起，唐庆出语粗鲁，态度横

元代王御史渠遗址
王御史渠位于陕西省泾阳县。元朝时，西台御史王琚修渠引泾河水以灌溉农田，形成了陕西黄河支流泾河灌溉区，后人便称此渠为王御史渠。图为王御史渠引泾河的渠口遗址。

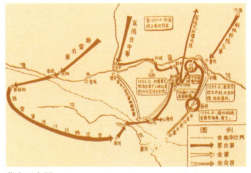

蒙古灭金图

蛮。金朝将士一怒之下，在夜间持兵器袭击使馆，杀死唐庆及其随从三十余人。哀宗明白蒙古军不会甘休，决定逃离南京。他连皇后妃子都没带，便匆匆而别。

官奴作乱

哀宗出逃，方向不明，在蒙古军的追击下，东奔西突，一直逃到归德（今河南商丘市）。在归德，金军内部又发生一场变乱。当时城中军多粮少，归德知府女鲁欢请求让亲兵出城就食。哀宗勉强听从，但又心存疑虑。他对元帅官奴说："女鲁欢尽散亲兵，你要小心。"城内只有官奴统率的忠孝军四百五十人和统兵元帅马用属下的七百多人。官奴放纵部下四出剽掠。左丞相李蹊向皇帝上奏，官奴将谋反，哀宗说："我把他从平民提拔到大帅，他不可能忘恩负义起来造反。你们不要过虑。"马用和官奴不和，哀宗怕二人矛盾激化，令尚书省设宴劝解。马用撤去守卫。官

> 历史文化百科

〔原始宗教萨满教〕
萨满教是一种没有系统理论和教义的原始宗教。因通古斯语称巫师为"萨满"而得名。其原意为激动不安和疯狂乱舞并含有占卜之意。契丹、女真、蒙古等北方民族的信仰都有萨满教的色彩。

奴乘机进攻，杀了马用，又杀了女鲁欢、李蹊等官员三百多人。

官奴提兵入见哀宗说："女鲁欢等人谋反，我已经把他们杀了。"官奴独揽兵权，哀宗也无可奈何，只得宣布女鲁欢的"罪状"，给官奴加官晋爵。官奴权势日盛，根本不把皇帝放在眼里，朝臣都不敢向哀宗奏事。哀宗几乎失去行动自由，他悲泣道："自古没有不亡的国家，没有不死的君王。但只恨我不知用人，以致成了官奴的阶下囚。"哀宗决定除掉官奴。他表面上给官奴升官，封他为平章政事，暗中与近侍官密谋，在官奴上朝入见时，近侍官将他砍伤，哀宗上前亲补一剑，官奴负伤而逃，被追杀于阶下。

哀宗弃位

1233年，哀宗逃到蔡州（今河南汝南县）。蔡州与南宋接壤，而此时蒙古已和南宋相约联合灭金。为了避免受到南北夹攻，哀宗派使者前往南宋议和。使者向宋指出："蒙古灭国四十，灭了西夏，现在又想灭金，金灭了后，就轮到宋了。唇亡齿寒，自然之理。如果与我联合，对金和宋都是有利的。"宋朝过去吃尽了金的苦头，此时只想打落水狗，还企图和蒙古一起瓜分金的土地（宋蒙协议：联合灭金后，河南地归宋，河北地归蒙古）。利令智昏的宋朝君臣断然拒绝了金的和议。

金朝的许多将领见大势已去，纷纷向蒙古或宋投降。蔡州陷入重围，城中粮尽，居民用人畜的骨粉和着野菜充饥，哀宗下令斩了官马给士食用。眼看蔡州难守，哀宗叹息道："我做过十年高官、十年太子、十年皇帝，自知没干过什么大坏事，死而无恨。只恨祖宗传国百年，至我而绝，使我像那些荒淫残暴的皇帝一样成为亡国之君，这一点我实在想不开。自古无不亡之国，亡国之君往往成为俘虏，受尽侮辱，我必不至于此，你们看着吧！"当天晚上，哀宗就把皇位

元代宁夏百八塔

百八塔位于宁夏青铜峡市峡口山黄河西岸一个向东的峻峭的山崖上，为一巨大的三角形的喇嘛塔群，约建于元代。百八塔坐西向东，依山面水，随着山势凿石分阶而建，自上而下，按1、3、5、7奇数排列成12行，其中3和5各为两行，共计108座塔，故名。位于塔群最上端的是一个形制特大、实心覆钵式的喇嘛塔，高约2米左右，用砖砌成，外表敷白灰。塔的底座为八角形须弥座，塔身似覆钵，顶为宝珠式。其余各塔的形制相同，但形体比较小。此百八塔大概与佛教密宗《金刚顶经》中昆卢庶那一百零八尊法身有关。

传给皇族东面元帅完颜承麟。承麟推让，哀宗说："我把皇位让给你也是出于无奈。我身体肥重，不善于骑马奔驰。你身手矫捷，富具将略，万一能逃脱，使国祚不绝，这是我的遗愿。"

一日皇帝

第二天早上，承麟即皇帝位，百官进贺刚刚结束，城南已竖起了宋军的旗帜，四面杀声震天动地。哀宗见情况危急，就跑到幽兰轩自缢。承麟退守内城，听到哀宗的死讯，率群臣前往哭奠。哭声未息，城已被攻破，带兵进行巷战的丞相完颜仲德对部将说："皇帝已死，我还怎么作战。我不愿死于乱军之手，决心投河自尽。你们善自为计吧！"说完他就跳河自杀了。诸将说："宰相殉国，我们就不能为国尽忠吗？"结果有四百多个将士投河自尽。承麟为乱兵所害，金亡。

世界大事记

法兰西路易八世在其所征服地区划出大量土地封赐王族人血亲，其后王权集中受到极大阻碍。

〇三四

神射郭虾蟆

箭矢发尽，他带着心爱的弓箭跳进大火，以身殉国。

哀宗身死国亡后，各州将帅群龙无首，先后降蒙，只有巩州（今甘肃陇西县）郭虾蟆坚守孤城达三年之久。

神箭退敌

郭虾蟆和他哥哥均以善射闻名。宣宗时，兄弟俩应募从军，在与西夏人的交战中在一百米外飞箭射死敌军主将。后城破被俘，西夏人知道他们善于射箭，想招他们投降，兄弟俩誓死不从。他们拔了胡子，越狱逃跑。哥哥被追杀，郭虾蟆逃回金国，被任命为巩州钤辖。

1223年，西夏步骑十万急攻凤翔（今属陕西）。金国元帅赤盏合喜任命郭虾蟆为总指挥。两人在巡城时，看到一个西夏将领远远地坐在护城河那边。他以为在箭的射程以外，得意洋洋地对着城门破口大骂。合喜问虾蟆：“你能射中此人吗？”虾蟆目测了一下距离说：“没问题。”

虾蟆平时射箭善于瞄准对方甲胄遮盖不住的部位，箭无虚发。他见那人正抬起手臂，便一箭射去，正中腋下，当场毙命。西夏兵退后，郭虾蟆乘胜追击攻取会州（今甘肃靖远）。他率领五百壮士，身披红袍，从会州城外南山驰马呼啸而下，西夏军猝不及防，以为神兵天降，慌忙弃城而逃。

名家遗作——朱碧山银龙槎
此银龙槎为元代著名银工朱碧山制作的槎形酒杯。槎身作老树权状，周身饰桧柏纹理，瘦结错落，有屈曲之致。一道人倚槎而坐，道冠云履，长须宽袍，左手扶槎，右手持卷，全神贯注，作读书状。朱碧山的银质酒器，标志着元代铸银工艺的高超技术水平与艺术水平，在古代饮酒器具发展史上独树一帜，堪称一绝。

困守孤城

1233年初，哀宗逃到蔡州，唯恐孤城难保，又准备迁往巩昌（今甘肃陇西县），任命粘葛完展为巩昌行省。哀宗死后，完展率军守城等待金朝继立的皇帝。绥德州（今陕西绥德县）主帅汪世显见大势已去，打算起兵倒戈，就派使者约郭虾蟆一起进攻巩昌。郭虾蟆对使者说："国家危在旦夕，我们不能拼死前往救援，难道还要互相残杀吗？你要叛国，自己去罢了，何必拖我下水！"汪世显攻破巩昌后降蒙。他先后二十多次派使向郭虾蟆晓以利害，劝他归降蒙古。郭虾蟆严词拒绝，不为所动。

元代下象棋图

这幅下棋图是山西省洪洞县广胜寺内的元代水神庙的壁画，亦是元代所绘。从图中的棋盘来看，当时的象棋已经和现代象棋很相近了。

居庸关的过街塔

北京居庸关的过街塔是元朝佛塔的杰作，始建于元顺帝至正二年（1342）。所谓过街塔，就是在通衢要道或寺庙入口等处建一座高台，台下辟门洞，供人车通行，台上列建一座或多座喇嘛塔。居庸关过街塔的台座上原来建有三座覆钵式宝塔，大约在元末明初时被地震震毁了，如今只保留下了空台座，俗称"云台"。在券顶门洞内的壁面除了精美的佛像、四大天王像、装饰图案雕刻外，还有以梵文、藏文、汉文、八思巴文、回鹘文、西夏文六体文字刻写的《陀罗尼经咒》和《造塔功德记》。

郭虾蟆坚守孤城近三年之久。1236年10月，蒙古军并力攻城，郭虾蟆率军血战，伤亡惨重。郭虾蟆料知难以久守，把城中所有的金银铜铁熔化，铸成大炮，斩杀了所有的牛马充作军粮，烧毁了房屋和积蓄。他在家门口堆起干柴，将妻儿老少和将校的妻女关入房中，准备自焚。一个小妾稍示犹豫，还没来得及开口，就被郭虾蟆一刀砍死。火点燃以后，郭虾蟆和士卒满弓以待，作最后的抵抗。士兵射完箭后，便挺身跃入火中。郭虾蟆独自站在柴堆顶上，用一块门板作掩体，向蒙古军射了二三百箭，箭箭命中。箭矢发尽，他带着心爱的弓箭跳进大火，以身殉国。城中无一人投降。

> **历史文化百科**
>
> **〔辽代建筑的朝向〕**
>
> 辽代的居室、毡帐、寺庙多东向，因为契丹人崇拜太阳。辽时创建的大同华严寺、北京大觉寺都是坐西朝东，是佛教和契丹旧俗相融合的反映。

世界大事记

神圣罗马帝国腓德烈颁布命令，准许封建诸侯将自己的权力推及境内的城市。

人物：杨沃衍　呆刘胜　陈和尚

关键词：爱国

故事来源：《金史·杨沃衍传》

〇三五

忠烈殉国

临危一死报君王。

一个朝代行将崩溃之际，倒戈投敌卖身求荣的软骨头车载斗量，但也会出现几个舍身取义的大丈夫，其行为犹如暗夜流星，分外耀眼夺目。

一死报主

“为人不死于王事，而死于家，非大丈夫也。”这是金军将领杨沃衍生前的誓言，他是这样说的，也是这样做的。杨沃衍原为小吏出身，在抗蒙斗争中因战功卓著而位至元帅左监军。杨沃衍在任武州（今山西朔州）刺史时，蒙古军来攻城，他指挥军民死守二十七个昼夜，蒙古军久攻不下，只得撤兵离去。在与蒙古军的周旋中，他曾屡战屡胜。

1222年，蒙古军大举入侵，陕西行省传令坚壁清野，杨沃衍说：“我如果烧了麦田，老百姓明年吃什么。”他率领军队掩护百姓收完麦子。1232年，金兵在钧州（今河南禹州）三峰山受到重创，杨沃衍退入钧州城内。他的部将呆刘胜投降了蒙古军，蒙军元帅派呆刘胜进城劝降。呆刘胜对沃衍说，蒙古军大帅答应，如果投降，将授以高官。杨沃衍先假装有点心动，叫呆刘胜走近来谈，突然拔

赵孟頫·十札帖之一——玉树琼花之作

赵孟頫善诗、书、画，精通鉴赏，还通音律，兼工篆刻。其中以书法最有成就。这件书札是他传世作品中的精华，也可能是书札更具有随意性的缘故，所以写起来格外地潇洒自如，说它是柳絮因风，或是玉树琼花都不为过。

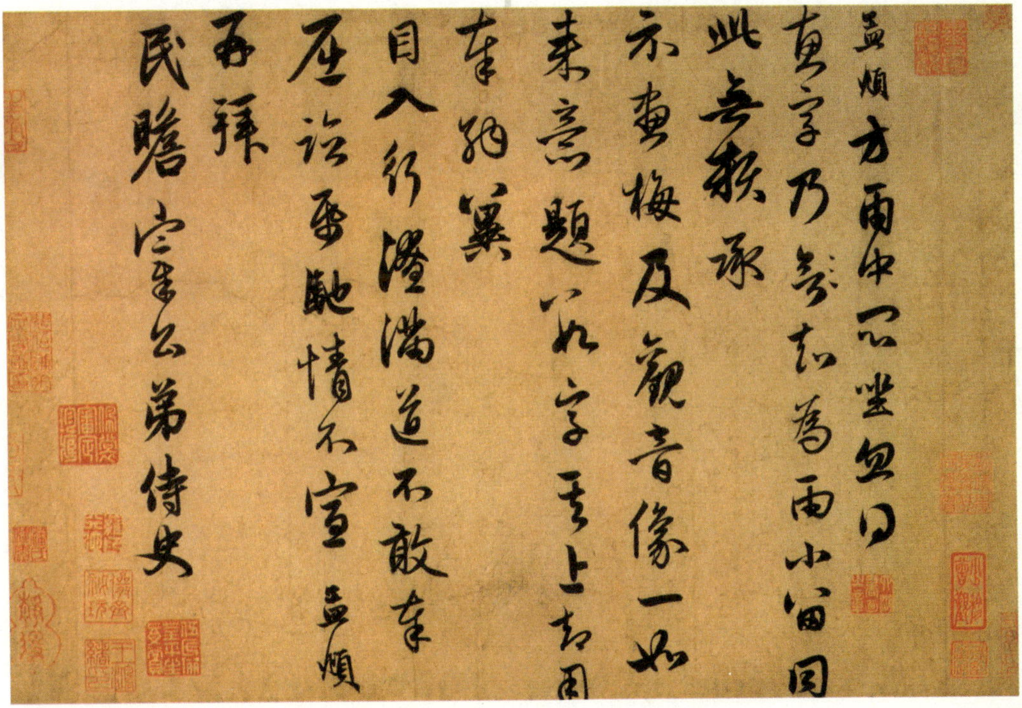

中国大事记

天兴二年，正月，金哀宗至归德。金京城西面元帅崔立政变，以汴京降蒙古。是年，宋应约与蒙古联合攻金，合围蔡州。

剑砍倒刘胜。他怒喝道："我出身细微，国家朝廷待我不薄，你这不是要我往自己脸上抹黑吗？"他对部下交代了后事，面向南京哭拜道："已无面目再见朝廷，唯有一死而已。"说完就悬梁自尽了。

和尚忠孝

大将军陈和尚也是一条汉子。他二十多岁时曾被蒙古兵捕获，蒙古军大帅对他很器重，欲加以重用。陈和尚乘机夺马南逃，带着老母投奔金朝。他虽为一介武士，却喜欢读书，一有空闲就在军帐中读四书五经，同僚将他视为秀才。

陈和尚统帅的忠孝军成员复杂，由回纥、乃满、羌、浑等少数民族及逃离宋朝的罪犯和战俘组成。这些人好斗狠勇，很难统制。经过陈和尚的调教，忠孝军成为一支训练有素纪律严明的生力军。每逢战斗，士卒勇于争先，行动疾若风雨。大军所过之处，对百姓秋毫无犯。1228年，蒙古军入侵大昌原（今甘肃宁县），陈和尚应命出战。他先沐浴更衣，好像将入棺材一样，然后披甲上马，率领四百壮士直驱敌阵，大破蒙古军八千之众。这是金蒙交战二十年来首次大捷，金兵军威大振。哀宗亲自嘉奖，提升陈和尚为宁远大将军。忠孝军一时名动天下。

"好男子，来生共事"

三峰山之战后，陈和尚带领残部退入钧州。城破，他率领士兵进行巷战。战败时，陈和尚躲入隐蔽处。等到蒙古军杀掠稍定后，陈和尚走出来对蒙古兵说："我是金国大将，要见你们主帅说话。"他在几个士兵的夹持下，来到蒙古军元帅帐前。他大声说："我就是忠孝军总领陈和尚。大昌原战胜你们的是我，卫州战胜你们的也是我，倒回谷战胜你们的还是我。我如死于乱军，别人会以为我有负国家，今天我就在

这里死个明白。天下必有理解我的人。"蒙古军主帅劝他投降，他严辞拒绝。令他跪下，他坚决不跪。士兵用刀割断他的腿筋，他还是不肯屈膝。又用刀割他的嘴，一直割到耳边。陈和尚口喷鲜血仍大骂不止，直到英勇就义。蒙古军元帅也为陈和尚的凛然正气而感动，在他的坟前祭上一杯马奶酒，说："好男子，他日再生，让我们共事。"

忠烈有心报国，怎奈无力回天。但壮士临危不惧，以身殉国的事迹毕竟是可歌可泣的。

精工雕刻的象牙曲板

牙板是戏曲音乐的重要打击乐器之一，也是拍板之一种。此牙板三片一幅，以象牙精工雕刻而成。每片尺寸相同，长19.3厘米，上宽3.1厘米，下宽3.8厘米，厚0.8厘米。外两片均镂刻有缠枝牡丹托佛家八宝，其中的一片牙板刻有法轮、法螺、伞幢和宝盖，另一片牙板刻有莲花、宝瓶、双鱼和盘肠。中间一片无刻纹。

>历史文化百科<

〔火炕〕

北方寒冷，烧火炕取暖在金代十分普遍。女真无论尊卑贵贱，居室皆有火炕。金初，皇宫都配置火炕，皇帝时常和臣下坐在炕上讨论国家大事，也和后妃一起在炕上饮酒作乐。当时有诗写道："地炕规玲珑，火穴通深幽。长舒两脚睡，暖律初回邹。""樵丁还喜炕连厨。""炕暖窗明有书册。"当代考古发掘中曾发现多处金代火炕遗迹。1979年在金代蒲峪路故城官司署遗址发现有完好的火炕以及灶炕和烟囱。在俄罗斯远东滨海省乌苏里斯克的古城址发现女真人烧炕用的烟道。

老来留得诗千首

金人的诗文成就不高,但元好问却是例外。

憔悴南冠一楚囚,归心江汉一夜流。

青山历历乡国梦,黄叶潇潇风雨秋。

贫里有诗工作祟,乱来无泪可供愁。

残年兄弟相逢在,随分齑盐万事休。

清人赵翼曾言:"唐以来,律诗之可歌可泣者,少陵十数外,绝无嗣响,遗山则往往有之。"少陵

指的是诗圣杜甫,遗山就是金元间的诗人元好问(1190－1257)。元好问一生坎坷,曾经国破家亡,他的诗沉挚悲凉,颇具杜诗遗风。

少年才子

元好问生于太原秀容(今山西忻州)。他曾在遗山(今山西省定襄县城东北)读过书,自号遗山山人。他的祖先为北魏鲜卑皇族拓跋氏,自北魏孝文帝迁都洛阳后,改姓为元,唐文人元结为元氏族中名人。

元好问的先人曾在宋做过官。祖父为金进士,做了中下级官。父元德明屡试不第,在家教书,著有《东岩集》。好问自幼过继给叔父元格为子,元格曾

釉里红印花堆螭高足转杯

这件元代高足转杯,通高12.8厘米,1980年出土在江西省高安县,现存于县博物馆。此器物看似寻常,其实大有门道。杯底圈足有母榫相接,可自由旋转而不脱落,周身施青白釉及釉里红彩斑。二者的处理,让人很自然地想起国画中的写意手法,多像青天上渲染的彩霞,又似碧池里戏水的金鱼,也许当初的制造者什么都没有想,一切都顺乎自然规律,只是编织了一个扑朔迷离的疑团,让我们费尽心思去琢磨,下腹处螭龙生动、流畅,可谓是点睛之笔。

金元好问《中州乐府》书影(元刻本)

《中州乐府》,一卷,金代元好问编,金代词总集。元好问(1190—1257),字裕之,号遗山,太原秀容(属今山西忻州)人。金文学家、史学家。曾任国史院编修、南阳令、行尚书省左司员外郎等职,金亡不仕。他在诗、词、文、曲、小说和文学批评方面均有造诣,在金元之际颇负重望。编有金诗总集《中州集》十卷,后附乐府。后人将其单独刊行,即为《中州乐府》。目录列金代词人36家,词作113首,实收金词114首。《中州乐府》纂于金亡之后,战乱中金词亡佚颇多,此集不录存者之作,也不收僧道之词,故所辑仅为现存金词极小一部分。但由于编者熟悉一代金词,尽量搜罗名家名篇,所以具有重要的文献价值。

中国大事记

天兴三年，正月，金哀宗让位东面元帅完颜承麟，自缢死。蔡州城破，末帝承麟被杀，金亡。

金朝的戏剧演出

发现于山西稷山马村段氏墓地，有墓14座，墓内满饰雕砖，其中南壁雕砖刻有四五人的杂剧演出，还有以大鼓、腰鼓、横笛、筚篥、拍板组合的乐队，下四人为动作各异的表演者，对研究中国古代戏剧是极其重要的实物史料。

为地方官，做过陇城县令，视元好问如己出，带其宦游，悉心教导。元好问七岁能诗，时人目为神童，后从宿儒为师，博通经史。礼部侍郎赵秉文读了元好问的《琴台》等诗后，叹为"近代无此作也"。于是名震京师，人称"元才子"。

公元1214年3月3日，蒙古军占领金国忻县城，大肆屠城，杀死十万余人，元好问的哥哥好古也死于非命。两年后，蒙古军包围太原，元好问冒着酷暑，携带着老母，仓皇逃往河南三乡，饱尝颠沛流离之苦。目击时艰，年轻的诗人不禁悲从中来，他写道：

浩浩西风入敝衣，茫茫野色动清悲。
洗开尘涨雨才定，老尽物华秋不知。
烽火苦教乡信断，砧声偏与客心期。
百年人事登临地，落日飞鸿一线迟。

> **历史文化百科**

〔金元时盛行的诸宫调〕

诸宫调是一种有说有唱，以唱为主的曲艺表演形式，产生于北宋，金元盛行。诸宫调的歌唱部分由若干不同宫调套曲组成，故名。

围城十月鬼为邻

元好问诗虽作得好，但不喜欢时文，看淡功名，直到金宣宗兴定五年（1221）才登科，但又因政治纷争而未选官，时年三十二岁。其后迁居洛阳居十年左右，创作不少诗文。

金哀宗正大元年（1224），元好问中博学宏词科，授儒林郎、权国史编修郎，住南京（今开封）。正大三年又出外当了镇平县（今河南镇平）令。但到任不久，就离职了。正大四年出任内乡（今河南内乡县）令。第二年因母亲去世而辞职，在该县的白鹿原居住了三年。正大八年（1231）又出任南阳（今河南南阳）令。几个月后，移家南京，出任尚书省令史。

金哀宗天兴元年（1232），蒙古军两度兵临南京城下，城内疫病肆虐，守军平民死者上百万，元好问在城内度日如年，过着"围城十月鬼为邻"的生活。同年12月，金哀宗南逃。第二年，守将崔立开城乞降，好问亦被委以"左右司郎中"。元好问上书耶律楚材，得保金文人五十四人，不久金亡（天兴三年，即1234），元好问等在山东聊城被羁管，两年后，移居冠城（今山东冠县），后管制放松，山东文人皆来访问，他的文学创作步入又一个高潮。

今是中原一布衣

元太宗十年（1238）结束羁管，元好问回到自己的故乡秀容，闭门读书，自谓"今是中原一布衣"，过起了遗民生活。他在家乡建起"野史亭"，立志要编纂金史，经过二十年的努力，终于撰成《中州集》和《壬辰杂编》两书，保留了大量金国史料，元人所修《金史》，许多材料，取资于这两部书。在此期间，元好问还创作了大量诗文。

蒙古宪宗二年（1252），元好问北上见忽必烈，请他做儒学大宗师，并请求免除儒生的赋役，忽必烈许之。宪宗七年（1257），元好问死于游学中，时年六十八岁。有《遗山集》等传世。有诗1360首，词377首，散曲若干。其诗文为明清以来文人赞誉，人称诗史。

老来留得诗千首，却被何人校短长？

元好问不仅诗写得好，对诗歌的鉴赏也有独到的见解，在《论诗绝句三十首》中，元好问以他的诗笔对诗坛前贤一一作出评价，表明了自己的文学主张。

他称许陶渊明的淳朴自然："一语天然万古新，豪华落尽见真淳，南窗白日羲皇上，未害渊明是晋人。"

他激赏《敕勒歌》的豪迈："慷慨歌谣绝不传，穹庐一曲本天然，中州万古英雄气，也到阴山敕勒川。"

他强调创作须源于生活："眼处心生句自神，暗中摸索总非真，画图临出秦川景，亲到长安有几人。"

他反对雕琢华艳，闭门觅句，认为这样必然是"可怜无补费精神"。

他指出为人与为文不可一概而论："心画心声总失真，文章仍复见为人，高情千古闲居赋，争信安仁拜路尘！"

诗中的安仁指晋代文人潘岳，他的《闲居赋》写得格调高雅，但为人却毫无骨气，谄事权贵贾谧，每逢其出，则望尘而拜。元好问对他的鞭挞令人叫绝。

然而，综观元好问的一生，虽然他吟诗作文，控诉战争的残酷，仰慕陶渊明的清高，但也曾为降元叛将崔立撰写碑文，歌功颂德，遭到世人的非议。他曾写道："百年世事兼身事，樽酒何人与细论。"连自己也感到有口难辩。

"老来留得诗千首，却被何人校短长？"为人与为文，真是这么难以统一吗？

聚焦：916年至1234年的中国

辽、夏及金，以殊族而同化于汉族，固不能出中国之范围也。至于蒙古，则不然。成吉思汗之兴，先用兵于西北，至于太宗、宪宗之世，其疆域已据有今之内外蒙古、天山南北路、中国之西北部、阿富汗、波斯之北部、俄罗斯之南部，而分为四大汗国。至世祖时，始灭宋而全有华夏。故蒙古所吸收之文化，盖兼中国、印度、大食及欧洲四种性质，未可专属于中国之系统。是亦吾国历史上特殊之事也。

柳诒徵

辽和西夏、金朝的社会发展程度虽然赶不上宋朝，但它们分别在中国北部和西部的开发取得进展，加强了各民族的融合，在社会文化的某些方面已经接近宋朝。它们的社会生活、风尚习俗虽然比不上宋朝丽縻宏侈、丰富多彩，但也各具民族特色，有些习俗还被宋朝汉族人民所吸取，成为宋朝人民习俗的一个组成部分。

朱瑞熙

故在元代，政治大变于上，社会固未随之大变于下。学术文化传统依然如旧。其时已无门第，而白衣之士阶层，仍不失其为社会之领导中心。士阶层凭何力量而得如此，此当从胡瑗、范仲淹以下，在学术之潜在精神中，求其深渊。而濂、洛、关、闽理学之贡献，亦自可见。

钱穆

元有天下，其疆域之袤，海漕之富，兵力物力之雄廓，过于汉唐。自塞外三帝，中原七帝，皆英武踵立，无一童昏暴谬之主。而又内无宫闱奄宦之盘，外无强臣夷狄之扰，其肃清宽厚，亦过于汉唐。

魏源

虽然元人之海运，为谋燕京之粟而已。练谙海事，非所期也。正如其繁荣北京，而非为救济南宋以来，北华倾圮之敝焉……可知元固无繁荣北华之意，然北华则以元而富丽奂皇耳。

文苑泰斗，学术名家，聚焦于916年至1234年的中国。他们以宏观或者微观的独到眼光，对辽西夏金元的政治经济和社会文化的各个层面作了深入浅出、鞭辟入里的解析。这些凝聚了高度智慧的学术精华，历经岁月洗礼，常读常新，是我们走进中国历史文化殿堂的引路人。

何也，北平者，北部文物之中心也。自辽都燕，金因之，元因之，明因之以至于清末民初，北平为北方大都者，几一千年。

陈登原

辽、金、元三朝，立国的情形，各有不同。契丹虽然占据了中国的一部分，然其立国之本，始终寄于部族，和汉人并未发生深切的关系。金朝所侵占的重要之地，唯有中国。他的故土和他固有的部族，文化尚未发展，虽可凭藉其贫瘠而好掠夺的欲望，及因其进化之浅，社会组织简单，内部矛盾较少，因而以诚朴之气、勇敢之风而崛起于一时，然究不能据女真之地，用女真之人，以建立一个大国。所以从海陵迁都以后，他国家的生命，已经寄托在他所侵占的中国的土地上了。所以他压迫汉人较甚，而其了解汉人却亦较深。至蒙古，则所征服之地极广，中国不过是其一部分。虽然从元世祖以后，大帝国业已瓦解，所谓元朝者，其生命亦已寄托于中国，然自以为是一个极大的帝国，看了中国，不过是其所占据的地方的一部分的观念，始终未能改变。所以对于中国，并不能十分了解，试看元朝诸帝，多不通汉文及汉语可知。

吕思勉

外族统治者对朝政的控制并未削弱文人在中国社会中的影响，汉族老百姓仍旧认为他们是地方上的天然领袖，他们仍活跃在当地自卫组织和宗族组织中，也未忘其文化方面的责任，仍以儒家传统的捍卫者自居。尤其在元朝，他们兴建了很多书院，这些书院成为国家政治范围之外的可选择的文化中心。在书院中，儒生们力图扬文抑武，以维持其对道德和精神独立性的自信。

（美）伊佩霞

图书在版编目（CIP）数据

金戈铁马（上）/程郁，张和声著.—上海：上海锦绣文章出版社，2014.2
（话说中国：普及版）
ISBN 978 - 7 - 5452 - 1276 - 1
Ⅰ.①金… Ⅱ.①程…②张… Ⅲ.①中国历史—辽金时代—通俗读物
②中国历史—西夏—通俗读物 Ⅳ.①K 246 - 49
中国版本图书馆 CIP 数据核字（2013）第 062591 号

责任编辑　李　欣 顾承甫
特邀审读　王瑞祥
特邀编辑　王建玲 侯　磊 刘言秋 李曦曦
整体设计　袁银昌 李　静 蔡　惟
摄　　影　徐乐民
图片整理　居致琪
印前制作　北京世典华文文化传媒有限公司 邵海波
印务监制　张　凯 黄亚儒

书名
金戈铁马（上）
　　——916年至1234年的中国故事
著者
程　郁 张和声
出版
上海锦绣文章出版社·上海故事会文化传媒有限公司
发行
北京世典华文文化传媒有限公司
电话：010—62870771
传真：010—62874452
地址：北京市海淀区红山口甲3号209楼14号
邮编：100091
公司网址：http://www.sdhwmedia.com
电子邮箱：shidianhuawen@sina.com
印刷
北京爱丽精特彩印有限公司印刷、装订
版次
2014年2月第1版　2016年1月第2次印刷
规格
787×1092　1/16　印张7.5
书号
ISBN 978 - 7 - 5452 - 1276 - 1/K · 451
定价
26.00元

告读者　　如发现本书有质量问题请与印刷厂质量科联系 T:010—84311778